VÉRONIQUE ANTOINE-AN

PARA COMPRENDER EL MUNDO

Ilustraciones de
HENRI FELLNER

Traducción de
CONRADO TOSTADO

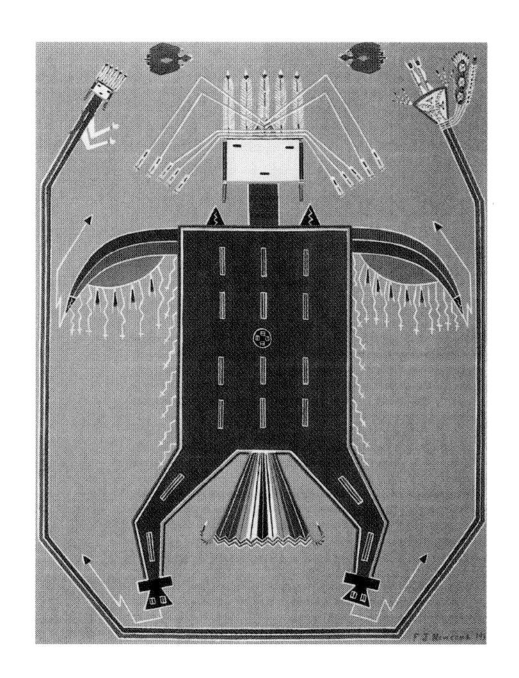

Para Nils, Lucile y Léonard.

ediciones Serres

Título original:
L'art pour comprendre le monde

Traducción: Conrado Tostado

Dirección artística: Guillaume Berga
Maqueta: Natacha Kotlarevsky
Investigación iconográfica: Natalie Saint-Martin

ISBN 2-7427-4570-X

Primera edición en lengua castellana para todo el mundo:

Campeche 429-3, 06140, México, D.F.

www.edicioneserres.com

ISBN: 970-9705-15-6

Este libro fue publicado con el apoyo de la Embajada de Francia en México, en el marco del Programa de Apoyo a la Publicación "Alfonso Reyes" del Ministerio francés de Relaciones Exteriores

El arte no se hizo para decorar apartamentos,
es un arma defensiva y ofensiva contra los enemigos.

Estas palabras de Picasso sirven de introducción a la pregunta que me hago en este libro "¿Para qué sirve el arte?" A la que trato de dar algunos elementos de respuesta.
Cuando las obras entran a un museo es, en cierto modo, como si se jubilaran.
Las más antiguas pierden su función original, casi siempre vinculada con la religión y las creencias de los pueblos: ya nadie se pondrá esas máscaras africanas, los sarcófagos ya no protegerán a sus momias; las estatuas de los santos ya no saldrán en procesión, por las iglesias...
Por su parte, las creaciones recientes abandonan los talleres para enfrentar nuestras miradas.
Las obras de arte comienzan una segunda vida en los museos. Quedarán expuestas ante los ojos de todo el mundo, serán admiradas, estudiadas y narradas para nuestro mayor deleite. Nos parecerán bellas, horribles, extrañas... sin que sepamos nada de sus vidas anteriores. Algunas se burlan de la belleza, pues servían para otros fines. No por eso dejan de ser magníficas. ¿Para qué servían estas imágenes, pinturas y esculturas, antes de exponerse en los museos? ¿Qué intención tenían sus creadores? De eso trata este libro. Seleccioné las principales funciones dentro de la historia del arte y las ilustré con obras representativas, elegidas dentro del patrimonio mundial. No es una enciclopedia. Aspira a dar una idea de la formidable vitalidad del arte a lo largo de los siglos y de su papel fundamental entre los humanos para aprehender y comprender al mundo.

Véronique Antoine-Andersen

Índice

I
ARTE PARA ACTUAR EN EL MUNDO

Tener hijos pág. 8

SOS, antepasados pág. 10

¡Abracadabra! pág. 12

Volverse inmortal pág. 14

Curar pág. 18

Crear un vínculo pág. 20

El retrato sustituye al ausente pág. 22

Publicidad oficial pág. 24

Publicidad mentirosa pág. 26

II
ARTE PARA CONQUISTAR LA BELLEZA

Belleza canónica pág. 30

Belleza sagrada pág. 32

Belleza divina pág. 34

Belleza decorativa pág. 36

La belleza por sí misma pág. 38

III
ARTE PARA REPRESENTAR AL MUNDO

Figuras del cielo pág. 42

Figuras de la Tierra pág. 44

Ver para saber pág. 46

Hacer el inventario del mundo pág. 48

Volver visible lo invisible pág. 50

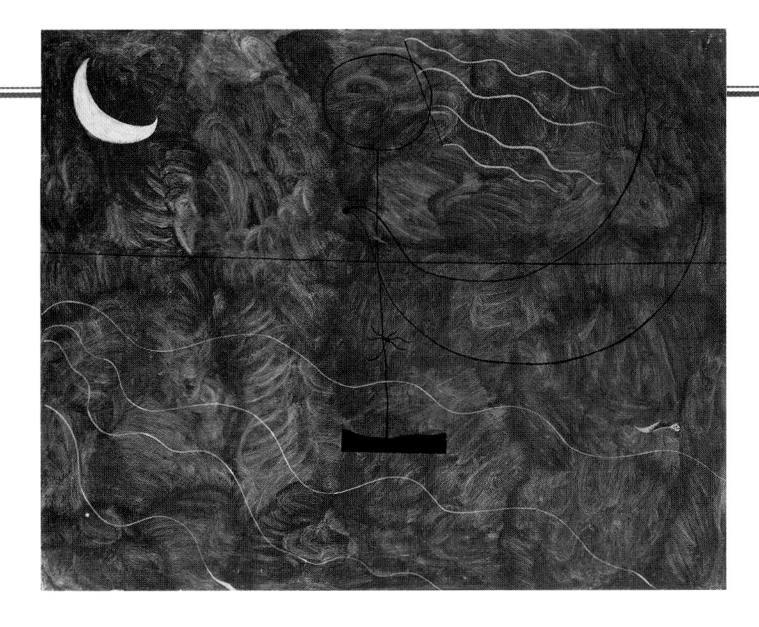

IV

ARTE PARA DAR TESTIMONIO, ENSEÑAR Y REFLEXIONAR

El retrato para recordar pág. 54

La Historia en imágenes pág. 56

Cuentos de la vida cotidiana pág. 58

Cuadernos de viaje pág. 60

La pintura es un libro que habla pág. 62

Códigos de la ruta pág. 64

El tiempo pasa... pág. 66

Arte político pág. 68

¡Nunca más! pág. 72

Barrer las viejas ideas pág. 74

V

ARTE PARA EXPRESAR LAS EMOCIONES

Imitar los sentimientos pág. 78

Los expresionistas pág. 80

Sin pies ni cabeza pág. 84

El arte bruto pág. 86

Llevar una bitácora pág. 88

Expresar los sueños pág. 90

I

ARTE PARA ACTUAR EN EL MUNDO

Lo que hace hermosos a los objetos es su poder, no su forma.
Su finalidad no es artística.
Sokari Douglas Camp, escultor nigeriano.

Las pinturas prehistóricas estaban escondidas en lo más profundo de las grutas.
En Egipto, enterraban a las estatuas y el mobiliario con el muerto.
La tribu dagara de África fabricaba sus estatuas en secreto.
Todas estas obras de arte vivían ocultas.
¿De que servían, entonces, si nadie las podía ver?
El arte, vinculado con la religión, actuaba para asegurar la supervivencia del grupo.
Cada obra se creaba para jugar un papel específico: curar, traer la lluvia, proteger, honrar.
El arte fue una necesidad para soportar la vida diaria.
Más tarde, en los países donde se desarrolló la ciencia, el arte activo perdió poderes en la medida en que los humanos iban dominando mejor el medio ambiente.
Hoy día, las obras religiosas permanecen activas entre los creyentes, a quienes sirven como intermediarias y guías espirituales.

Grutas de Lascaux, Sala de los Toros, cerca de 15,000 años a.C., Francia – pintura rupestre.

Tener hijos

La sobrepoblación del planeta es reciente.
Durante mucho tiempo, la natalidad fue una necesidad absoluta para la supervivencia de la humanidad. Hace veinticinco mil años, los cazadores del paleolítico esculpieron por primera vez en Europa a una mujer, símbolo de fecundidad.
Ella tuvo una larga descendencia de figurillas y estatuas en el mundo entero.
Se llaman Venus, diosas o ídolos.
¿Para qué sirven?
Es difícil responder sin la presencia de sus creadores o de textos escritos. Pero veámoslas, dejemos que sus formas hablen.

Símbolo de maternidad

Están desnudas. Sus pechos pesados y las anchas caderas de algunas de ellas les dan un aspecto de mujeres embarazadas. Algunas sostienen sus pechos, para mostrarlos. Estas exageraciones voluntarias se oponen al resto del cuerpo, tratado de una manera más simple y a veces, suprimido. No representan a nadie en particular. Muestran a la mujer en general y simbolizan a la maternidad. A pesar de los veinte mil años que las separan se parecen entre ellas y expresan una preocupación idéntica: la renovación de la vida.

Venus de Willendorf,
25,000 – 20,000 años a.C. – Piedra caliza

Figurilla femenina,
hacia 2,000 a.C., Chipre – barro cocido.

La madre de todas las madres

Madre de los dioses y a la vez de los hombres, las plantas y los animales, esta diosa requiere de muchos pechos para alimentar a todos sus hijos. Todas las civilizaciones del Mediterráneo han rendido culto a la diosa madre, protectora de las mujeres embarazadas.

Artemisa de Éfeso,
siglo II Turquía – bronce y alabastro

• *¿Por qué Artemisa se esculpió con tantos pechos?*

sos antepasados

A lo largo de milenios, los seres humanos se han visto impotentes para enfrentar los múltiples peligros que los rodean: animales salvajes, enfermedades, la intemperie... Para ellos, esos males vienen de fuerzas y espíritus invisibles que pueblan el universo. Por fortuna, los ancestros pueden acudir en auxilio. ¿Quiénes son? Los muertos, cuyos espíritus siguen vivos y pueden comunicarse con el mundo visible. Para recibir su protección, los hombres esculpen estatuas encargadas de recibir al espíritu del ancestro. Por medio de esa estatua, el ancestro, presente en el mundo de los vivos, podrá dar satisfacción a las peticiones que le hacen los sacerdotes durante las ceremonias. Si la estatua no resulta eficaz, la arrojan.

¡Protégenos!

En África sólo a los hombres importantes, como los jefes de aldea, se les puede venerar como ancestros. Cuando mueren, su espíritu se fija en una estatuilla, conservada como algo precioso, cuya función es velar por la comunidad de la aldea.

Estatua de ancestro protector,
Congo – madera.

Rambaramp

Cuando moría un jefe o un guerrero en la isla Malekula, en el océano Pacífico, la tribu conservaba su cráneo. Se le recubría de arcilla y lo pintaban con las facciones del muerto, lo instalaban sobre un maniquí de madera y bambú llamado *rambaramp*. Más tarde, llevaban esa estatua del antepasado a la casa de los hombres, para que su espíritu protector descendiera a la aldea.

Rambaramp (maniquí funerario),
Vanuatu
–madera, cráneo humano,
arcilla, colmillos de jabalí y fibra.

•*¿Y tú, qué haces cuando sientes miedo?*

¡Abracadabra!

En África, Asia y Oceanía, el arte y la magia mantienen estrechos lazos. Según las personas que los utilizan, las máscaras, las estatuas, los fetiches y todos los objetos que representan dioses, fuerzas o animales, tienen poderes. Esa visión mágica se apoya en la creencia de que la imagen es como un doble. No se contenta con representar, sino que ella misma es lo que representa. De allí la creencia mágica de que la máscara de un dios es el dios mismo. En cierto modo ocurre lo mismo con los niños, cuando ven a sus muñecos como auténticos bebés. Durante los rituales, esos objetos mágicos, proporcionan a quienes los manejan fuerza, caza abundante, salud, riqueza...

Es fácil entender, entonces, por qué esos objetos, auténticos remedios a las dificultades de la vida, resultaban tan importantes. Hoy día aún se practica la magia en ciertas civilizaciones, pero en Occidente esas creencias prácticamente han desaparecido con el desarrollo de la ciencia.

Fetiche con clavos

El mago curandero "cargó" con sustancias mágicas a este fetiche a la altura de su ombligo, para activarlo. Entre otras cosas, aplicó arcilla blanca. Se dice que hundir un clavo en su cuerpo concede, según las peticiones, valentía, protección, éxito en la caza y lejanía de los magos.

Estatua mágica okoso-konde,
Congo – madera, hierro y clavos.

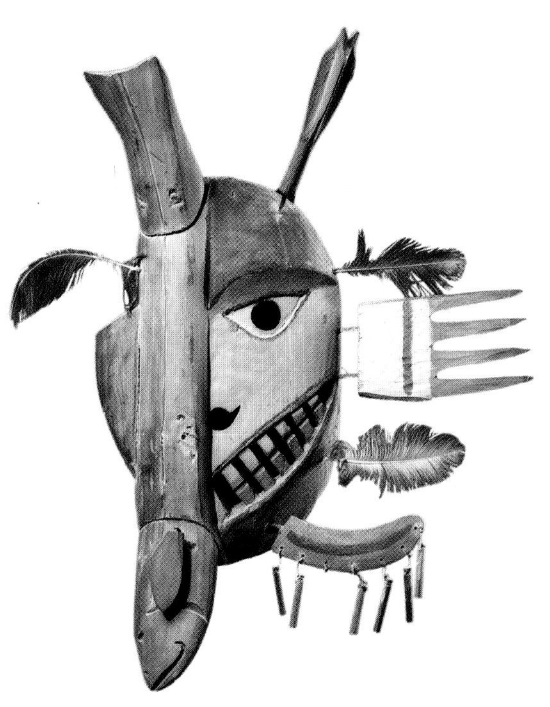

Escultura yup'ik (máscara de pez),
comienzos del siglo XX, Alaska – madera y plumas.

El alma del pez

Según el pensamiento inuit el alma del pez, la *inua*, decidió poner su propio cuerpo a disposición de los hombres.
De allí que durante el invierno los pescadores invoquen a los peces con cantos, danzas y máscaras, para agradecer que les hayan ofrecido su carne y convencerlos de dejarse capturar la próxima primavera. El rostro humano, en esta máscara, representa la *inua* del pez.

Para que las cosechas sean buenas

En ciertas épocas del año, los indios hopi de Arizona llevan a cabo ceremonias con danzas para invocar a los espíritus protectores y obtener buenas cosechas.
También esculpen muñecas que evocan danzantes con máscaras. Estas muñecas, transmisoras de una carga mágica, se cuelgan en las casas para que las mujeres y los niños se beneficien con su protección.

Muñeca katchina,
Estados Unidos – madera.

• *¿Conoces héroes que "posean" poderes mágicos? ¿Cómo se llaman?*

Volverse inmortal

Los antiguos egipcios creían que la vida continuaba después de la muerte. Tras un largo viaje, los difuntos llegaban al reino eterno del dios Osiris. Pirámides, sarcófagos, pinturas murales y la mayor parte de las obras de esta civilización que duró tres mil años, tenían el propósito de ayudar a los muertos a obtener la vida eterna. Los egipcios pasaban buena parte de sus vidas preparando su muerte. Mandaban cavar y decorar sus tumbas, reunían mobiliario y objetos personales, con el fin de estar listos para el gran viaje.

Ataúdes de Tamutnefret,
cerca de 1,200-1,000 años a.C.,
Egipto – madera pintada y dorada.

El *ka* y el *ba*

Para los egipcios, el cuerpo humano estaba constituido por un cuerpo físico, animado de energía vital, el *ka* y por un espíritu, el *ba*. Resultaba imposible iniciar el viaje al más allá sin esos elementos.
Por eso los egipcios momificaban sus cuerpos, para que duraran eternamente. También hacían estatuas de repuesto, con la apariencia del muerto, para recibir el *ka* y el *ba*, por si acaso la momia llegaba a lastimarse. ¡Todo estaba previsto!

Reemplazar un rostro

Este retrato fúnebre se encontró en Fayún, una de las planicies fértiles del Nilo. Fue pintado en madera con pigmentos mezclados con cera de abeja. El retrato se realizó en vida de esta mujer y después de su muerte se colocó sobre su momia, para sustituir a su rostro en el más allá.

Retrato de mujer joven,
hacia 160 – 180 años d.C., Fayún – pintura en cera sobre madera.

• *¿Según tú, qué ocurre después de la muerte?*

Pinturas mágicas

Para los antiguos egipcios, las acciones representadas en las pinturas resultaban tan eficaces como las realizadas en la vida real. De allí que las paredes de las tumbas se pintaran según los deseos del muerto. En este caso, los campesinos cosechan trigo para alimentar al muerto y garantizar su supervivencia.

Campesinos en los campos,
hacia 1,500 -1,400 años a.C,
Tebas, Egipto – pintura mural.

Curar

"A las personas con fiebre les hace mucho bien mirar cuadros que representen fuentes, ríos y cascadas..." decía Leon-Battista Alberti, gran arquitecto italiano del Renacimiento.
Tal vez sus palabras nos hagan sonreír, pero para los hombres de su época contenían una verdad. Todas las civilizaciones encontraron remedios a la enfermedad, según sus conocimientos y creencias.
Así nació, por ejemplo, la medicina china, india y navajo.
Algunas de ellas recurren al arte como medio curativo.

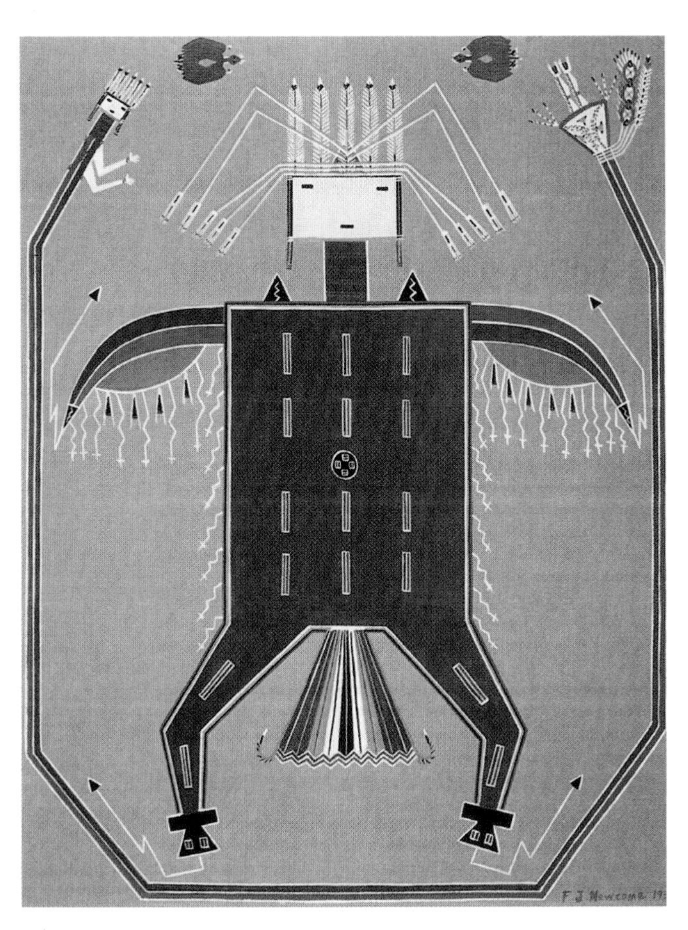

Franc Newcomb,
Trueno de verano (Vía de la belleza, rama macho),
1933, Estados Unidos – acuarela.

La vía de la belleza

Para los indios navajo, la salud y la belleza tienen qué ver entre sí. Para curar, los hombres-médico danzan, rezan y dibujan pinturas de arena. El enfermo se coloca al centro para recibir los poderes de las figuras pintadas. Esas pinturas, trazadas en el suelo con polvos naturales, significan "el sitio donde los dioses van y vienen".
Los ancianos dictan sus colores y formas. Al término de la ceremonia se destruyen las pinturas.
En el siglo XX, los navajo dieron su autorización a ciertos artistas para reproducir las imágenes, con el propósito de conservarlas.

Virgen con niño,
siglo XIII, Rocamador – madera.

90 curaciones

El *Libro de los milagros de Nuestra Señora*, escrito en 1172, refiere 90 curaciones logradas en presencia de esta Virgen negra. Para la gente de la Edad Media, la Virgen y ciertos santos eran los mejores médicos.

Antoni Tàpies (nacido en 1923), ***Cruz negra sobre ab***, 1975 – tinta china y pastel sobre papel.

Aliviar el dolor ▲

En el siglo XX, artistas célebres como Matisse, Sam Francis y Tàpies se volvieron artistas al cabo de una larga enfermedad. La creación artística los ayudó a aliviar el dolor. Matisse y Sam Francis acostumbraban prestar cuadros a sus amigos enfermos, con la certeza de que los podían ayudar a reestablerse.

Tenía la impresión de que si algún día padeciera un dolor de cuerpo o de cabeza, podría tomar el cuadro, colocarlo sobre la cabeza y curarlo.
Tàpies

◀ Gracias

Exvoto significa "deseo cumplido". Para agradecer a los dioses su respuesta a una solicitud de protección, de curación o de otros anhelos, se les ofrecían objetos como éste.
Esta práctica, antigua como el mundo, aún se acostumbra en nuestros días.

Exvoto,
época galo-romana
– piedra calcárea.

Crear un vínculo

Religión significa volver a ligar o a poner en relación a los seres humanos con un ser superior. Zeus, Dios o Buda, esos seres superiores son invisibles.
De allí que resulte difícil comunicarse con ellos, porque no tienen rostro.
Así, las religiones crearon imágenes o estatuas, intermediarias entre dios y el hombre, que necesita ver para entrar en contacto con lo invisible.
Esas imágenes son un medio para acceder a una realidad invisible o sagrada.

Serenidad y belleza

Los iconos son pinturas sobre madera, utilizadas por los cristianos de Oriente para rezar. Por medio de ellas, el meditador entra en contacto con Cristo, la Virgen o los santos.
La serenidad y la belleza de esas imágenes reflejan al reino de Dios.
Esta *Virgen* mira al espectador y presenta a su hijo, quien a su vez muestra el rollo de las Escrituras.
Se llama Madre de Dios y señala el camino.

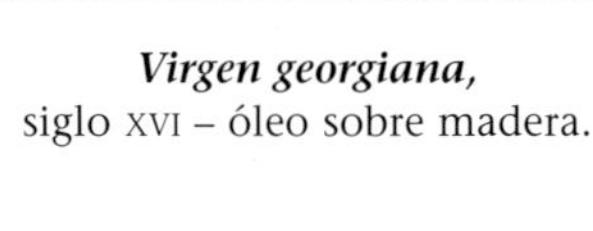

Virgen georgiana,
siglo XVI – óleo sobre madera.

San Roque,
siglo XVI – madera de roble policromada.

Santo protector

En la Edad Media, los cristianos mantenían cierta relación con el santo protector que llevaba su nombre. Era su intermediario ante Dios. Le ofrecían estatuas, vitrales, procesiones, peregrinaciones, para obtener su protección. Por eso nuestras iglesias están habitadas por estatuas de santos. San Roque fue muy representado en aquella época, pues tenía fama de curar la peste.

Episodios de la vida del Buda Sakiamuni,
siglo XIX, Tibet – gouache sobre tela.

Compasión y sabiduría

Para un budista tibetano, el Buda representado en esta *tanka* (pintura sobre tela) es el Buda mismo. Todos los días se refugia en él, ante su imagen y le lleva ofrendas.
Al meditar se concentra en su imagen y recita oraciones con el fin de obtener sus atributos, que son la compasión y la sabiduría.
El budismo dice que todos los seres vivos tienen la naturaleza del Buda. Mirar al Buda, a fin de cuentas, es mirarse a sí mismo.

El retrato sustituye al ausente

Había una vez un alfarero llamado Butades.
Vivía en Corinto, en Grecia. Su hija estaba enamorada de un joven que se disponía a viajar. Cuando llegó el día de su salida, decidió fijar la imagen de su amado.
Trazó con un trozo de carbón sobre un muro la sombra del rostro del muchacho, proyectada por una vela.
Después, su padre aplicó arcilla en el contorno.
Así, la muchacha logró sobrellevar la ausencia temporal de su prometido. Fue el primer retrato de la humanidad. Esta leyenda, narrada por Plinio el Viejo (23-79), explica el papel que se le asignó al retrato. Tiene que ver con la ausencia temporal, como en este caso, o definitiva, cuando el modelo muere.
Para cumplir con su función de recordatorio, el retrato debe asemejarse al modelo. En diferentes épocas de la historia, el retrato sustituyó al modelo como un doble en el teatro.

Cabeza del emperador Claudio,
entre 41 y 54 años d.C. – mármol.

La efigie o el doble

La efigie es un retrato activo. Desempeña el papel del modelo al que representa, cuando éste no se encuentra. De allí la importancia que se le atribuye.
En el Imperio Romano, el retrato del emperador tuvo valor jurídico. Los jueces tenían que pronunciar sus sentencias frente a una imagen del emperador. Sus firmas, sobre papel oficial no eran válidas si no aparecían frente al retrato. Las efigies también jugaron un papel en las cortes de los reyes de Francia, desde Carlos VI hasta Enrique IV. Al morir un rey, sus efigies lo reemplazaban en las mesas y ceremonias de la corte durante cuarenta días. Recibían homenajes como si se tratara del rey en persona, hasta que se coronaba a un nuevo rey.

Elegir a su esposa por catálogo

En las familias reales, los matrimonios servían para crear alianzas con los países vecinos. Para el futuro esposo resultaba imposible visitar a las princesas, debido a la dificultad de los transportes en aquella época. De allí que le enviaran el retrato de las pretendientes, con el fin de que eligiera alguna entre ellas. Peter Paul Rubens, el gran pintor de corte, pintó a Enrique IV recibiendo de la mano de los dioses el retrato de su futura esposa, María de Médicis

Peter Paul RUBENS (1577-1640), ***Enrique IV recibe el retrato de María de Medicis***,
1622-1625 – óleo sobre tela.

En el siglo XIX *apareció una nueva técnica, perfectamente adaptada al arte del retrato, ¿cómo se llama? ¿Quién fue su inventor?*

Publicidad oficial

"Ostentar atributos y dar a conocer",
para eso servían los retratos oficiales que representaban a reyes, príncipes y emperadores del mundo entero.
Al esculpir en mármol el busto de los emperadores, los romanos perfeccionaron las imágenes oficiales.
La imagen debe convencer al pueblo de que su jefe posee todos los atributos del poder: autoridad, inteligencia y grandeza.

Busto del emperador Augusto,
hacia el año 20 a.C. – bronce.

Imagen imperial ▲

Desde el siglo IV a.C., cuando un emperador romano accedía al trono, su retrato se esculpía en los talleres de Roma. El propio emperador supervisaba su imagen y elegía el busto que expresara mejor la grandeza y dignidad del imperio.
Las copias, vaciadas en bronce, se difundían enseguida por todas las provincias y se instalaban en los lugares públicos y en los templos.

◂ Publicidad de la realeza

"Soy el rey más grande de la tierra y de la historia de Francia." Pronunciada por Luis XIV, esta frase se podría haber inscrito en los doscientos retratos pintados y seiscientos grabados que lo representaron desde su nacimiento hasta su muerte.
El pintor Rigaud retrató al rey en el apogeo de su gloria. Tenía sesenta y tres años. Exhibe todos los atributos de su poder: la corona, la espada y el cetro. Eligió el manto de la coronación y la pose de los emperadores romanos. Luis XIV, el rey más representado de Francia, difundió cientos de retratos suyos para brillar en el mundo entero como un sol.

Hyacinthe RIGAUD (1659-1743),
Luis XIV, rey de Francia, 1701-1702 – óleo sobre tela.

Publicidad imperial

Cien años más tarde, Napoleón, cuyas ambiciones igualaban a las de Luis XIV (el Rey Sol) adoptó la misma pose. Se enviaron varias copias de este cuadro a los países conquistados.

François GÉRARD (1770-1837), ***Napoleón I en gran traje de coronación,*** 1805 – óleo sobre tela.

• *¿Qué semejanzas encuentras entre estos dos retratos?*

Publicidad mentirosa

La realidad no siempre resulta bella para quienes detentan el poder.
Entonces, piden a los pintores que actúen como magos para engañar a la gente y salvar su propia imagen.

Antoine GROS (1771-1835), ***Napoleón en el campo de batalla de Eylau***, 1808 - óleo sobre tela.

Conquistador insaciable

"Si todos los reyes de la tierra pudieran contemplar este espectáculo, se sentirían ávidos de guerras y conquistas." Napoleón I pronunció estas palabras hipócritamente en el campo de batalla de Eylau. Él fue, conquistador insaciable, quien lanzó la ofensiva. Por supuesto, triunfó, ¡pero a costa de cincuenta mil muertos! Para que los franceses le perdonaran esta horrible carnicería, le encargó a Antoine Gros, pintor de temas históricos, un retrato que expresara su dolor y emoción en el campo de batalla. ¡Qué teatro!, diríamos ahora.

Retrato del emperador Jahângîr
hacia el año 1614 - acuarela, gouache sobre papel.

Cambiar la historia

Hubo una vez, en la India, un príncipe llamado Salim. Como era impaciente y colérico, intentó sin éxito derrocar a su padre. Cuando murió, se convirtió en el emperador Jahângîr. Sobre esta miniatura, mira serenamente, con aureola de santo, la imagen de su padre quien sostiene un globo, símbolo de poder. No podemos confiar en las apariencias. El emperador Jahângîr prefirió dar otra versión de la historia para que se olvidaran sus errores de juventud.
¡Desconfíen de los retratos oficiales!

II

ARTE PARA CONQUISTAR LA BELLEZA

¿Qué es la belleza? ¿En qué nos basamos para juzgar la belleza de una obra de arte? Las respuestas son múltiples y difieren de una persona a otra, según sus orígenes geográficos, su época, su educación, su filosofía... La noción de belleza es cultural.

El objetivo del arte no siempre es ni ha sido la belleza. Ya lo decían las obras de África, Oceanía y América: antes que nada, buscaban la eficacia.

En Occidente, el arte y la belleza mantienen un lazo estrecho, sin embargo, se ha transformado a lo largo de los siglos. La búsqueda de la belleza se remonta a los antiguos griegos. Definida por filósofos como Platón, la belleza debe expresar la perfección, la armonía del universo y la verdad.

La belleza era sagrada en la Edad Media. La grandeza de las catedrales y la luz de los iconos reflejaban el esplendor de Dios.

Su contemplación aspiraba a transformar al espectador elevando su espíritu, su sensibilidad y su conciencia. San Buenaventura, en el siglo XIII, dijo: "Toda la belleza creada conduce a la belleza de Dios".

Los creadores anónimos esculpían y pintaban con todo su ardor y talento para celebrar a su Dios.

En el Renacimiento, los artistas —cuando esta palabra aparece por primera vez— comienzan a expresar su propia visión de la belleza. Influidos por el arte griego antiguo, algunos exaltan la belleza física del cuerpo humano en escenas religiosas. El *Moisés* de Miguel Ángel exhibe su musculatura y las vírgenes de Rafael son tan hermosas que nos cortan el aliento. Sus rostros y formas soberbias seducen al ojo del espectador.

Poco a poco, el artista se desprende del mensaje religioso. La belleza, fuente de placer y de sensaciones agradables, se busca en sí misma. En el siglo XVII, Nicolas Poussin, uno de los grandes artistas franceses, declaró que el objetivo del arte es el deleite. Tres siglos más tarde, los artistas del siglo XX pusieron fin a esa función del arte que se aplicó, quizá abusivamente, en la creación artística.

Belleza canónica

Para los griegos de la antigüedad, la belleza perfecta existe en el cosmos y el universo; eleva al espíritu humano hacia la verdad y el bien. Los griegos buscaron, entonces, la receta para crear la belleza perfecta. Observaron al universo y lo analizaron para comprender sus leyes, con el propósito de imitarlas. El orden natural descansa en reglas físicas y matemáticas que los griegos aspiraban a integrar en sus esculturas. Como decía Pitágoras: "La belleza se compone de muchos números". Los artistas optaron por expresar esa belleza a través de la representación esculpida del cuerpo humano ideal. Elaboraron modelos reproducibles que tuvieron gran éxito en la Roma antigua y en el Renacimiento, incluso en el siglo XIX. Se llama clásico al arte inspirado en los modelos griegos. Hasta el siglo XIX se enseñó en todas las escuelas de Bellas Artes.

Belleza ideal

Se merece su nombre esta diosa de la belleza y del amor. Los pliegues, producidos por un leve giro de la cadera, dan una impresión de movimiento y de vida.

Esta estatua mide dos metros de altura y se esculpió en dos partes. Fue hallada en el siglo XIX en el campo, en la isla griega de Milo.

El tercer genio

El autor de este Apolo se llamó Miguel Ángel. Vivió en el siglo XV en Italia. Con Rafael y Leonardo da Vinci fue el tercer genio del Renacimiento.

Praxiteles, ***Afrodita*, llamada *Venus de Milo***, hacia el año 100 a.C. – mármol.

Miguel Ángel (1475-1564), ***Apolo***, 1530-1532, Florencia – mármol.

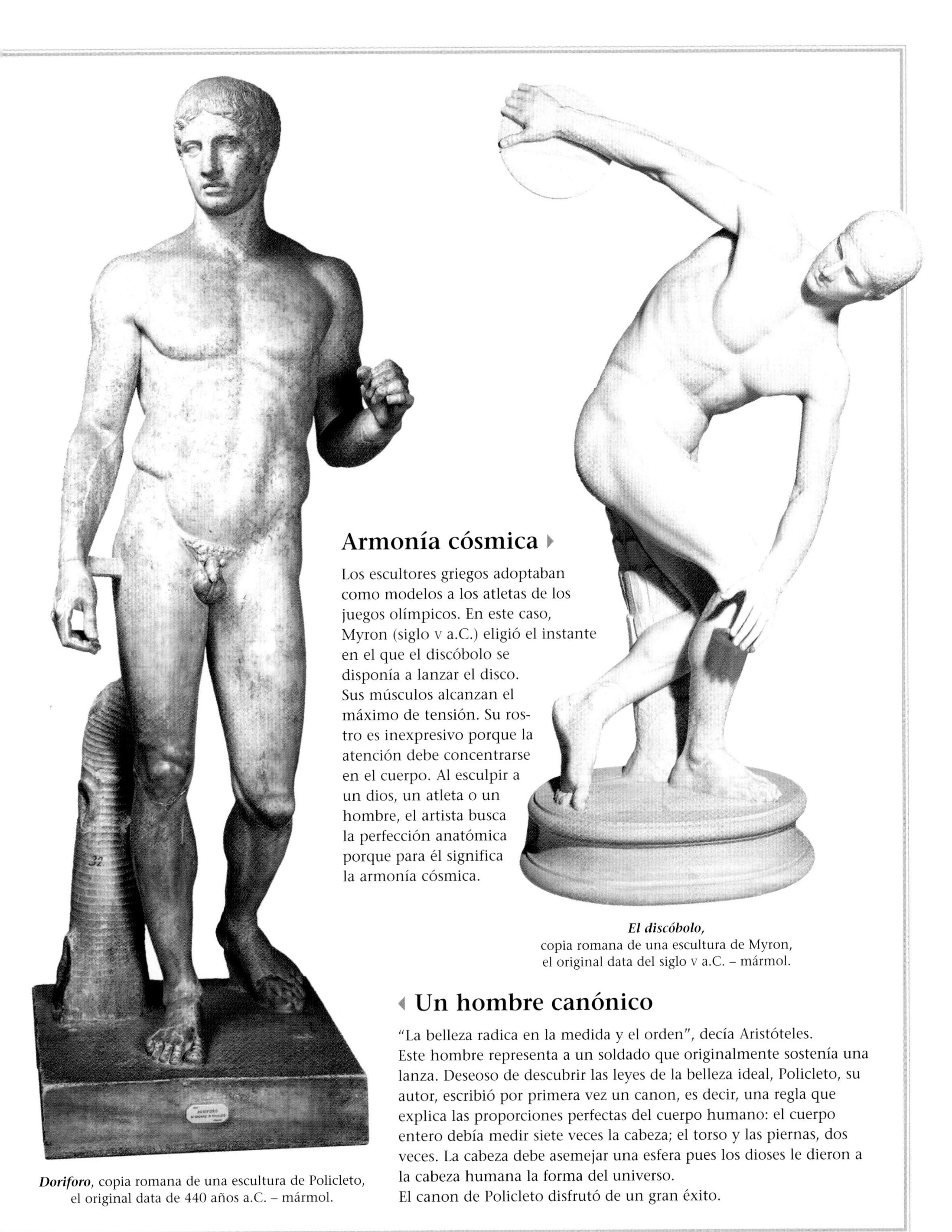

Armonía cósmica

Los escultores griegos adoptaban como modelos a los atletas de los juegos olímpicos. En este caso, Myron (siglo V a.C.) eligió el instante en el que el discóbolo se disponía a lanzar el disco. Sus músculos alcanzan el máximo de tensión. Su rostro es inexpresivo porque la atención debe concentrarse en el cuerpo. Al esculpir a un dios, un atleta o un hombre, el artista busca la perfección anatómica porque para él significa la armonía cósmica.

El discóbolo,
copia romana de una escultura de Myron, el original data del siglo V a.C. – mármol.

Un hombre canónico

"La belleza radica en la medida y el orden", decía Aristóteles.
Este hombre representa a un soldado que originalmente sostenía una lanza. Deseoso de descubrir las leyes de la belleza ideal, Policleto, su autor, escribió por primera vez un canon, es decir, una regla que explica las proporciones perfectas del cuerpo humano: el cuerpo entero debía medir siete veces la cabeza; el torso y las piernas, dos veces. La cabeza debe asemejar una esfera pues los dioses le dieron a la cabeza humana la forma del universo.
El canon de Policleto disfrutó de un gran éxito.

Doriforo, copia romana de una escultura de Policleto, el original data de 440 años a.C. – mármol.

• *Comprueba con una regla graduada que las esculturas de Policleto están bien de acuerdo con su canon.*

Belleza sagrada

La belleza salvará al mundo. Dostoyevski
La mayoría de las religiones creen en la existencia de seres perfectos, llámense Dios, Buda, Vishnu... Su perfección los hace bellos. Las dos cualidades resultan indisociables. Todas las religiones recurren al arte para hacer presentes, ante la mirada de los humanos, a esos seres excepcionales. La belleza que los habita resulta muy particular. Irradia paz, dulzura y serenidad. Seamos creyentes o no, nos conmueve a pesar de los siglos pues toca, en nosotros, un deseo innato de perfección. Estas obras llaman a la contemplación. Para sus creadores, la belleza sagrada puede transformar positivamente el espíritu de quienes la contemplan. ¡Contemplémoslas sin moderación, cuando la fealdad del mundo nos invada!

Esperar la felicidad perfecta...

¡Así son esos seres perfectos y felices que se llaman Buda!
Su belleza, llena de dulzura y sabiduría, expresa quietud y felicidad perfecta.
Despiertan en nosotros el deseo de estar en su lugar. Sin embargo, su belleza viene del interior, no se obtiene con maquillajes y peinados hermosos.
Es fruto de una práctica religiosa. Así, la belleza sublime de este Buda puede despertar, en nosotros, el deseo de emprender la vía espiritual para alcanzar el mismo estado de plenitud.

Buda protegido por el naga,
fines del siglo XII – principios del siglo XIII,
Camboya – granito.

Conectarse con Dios

Ese universo de ángeles y santos que pueblan su pintura le valió a este monje el apodo de Fray Angélico.
Su obra es un himno a la belleza del mundo y de los hombres. La extremada dulzura de sus rostros y de la luz ejerce, sobre nuestros ojos, una auténtica fascinación. Fray Angélico pintó sus cuadros para ofrecer un sitio de belleza a la mirada, así como una conexión con Dios.

Fray ANGÉLICO (1387-1455), ***La anunciación***, 1433 – óleo sobre tela.

• *¿Qué sientes al mirar estas dos obras?*

Belleza divina

Jan van Eyck (1390-1441)

¡Qué belleza! Son las palabras que nos vienen a la mente al mirar una mariposa, una flor o un caracol.
La belleza de la naturaleza nos intriga y maravilla. ¿Quién creó este fabuloso escenario? Jan van Eyck, pintor flamenco, resolvió el enigma. Según él, fue Dios.
La belleza de la naturaleza y del mundo es la prueba de su existencia. Entonces, Van Eyck la pintó en sus cuadros para rendirle homenaje y conducir a Dios a quienes los contemplen. Se dispuso a representar al mundo exterior con la precisión de un microscopio.
La ilusión es perfecta. Siguiendo su divisa, "lo mejor de mí".
¿Conseguiría Van Eyck su propósito más profundo, el de "igualar a la naturaleza"?

Jan VAN EYCK, ***La Virgen del canciller Rolin*** (detalle), 1435 – óleo sobre tela.

Perfección pictórica ▲

¿Qué percibe en este caso nuestra mirada? No a los personajes de la escena, sino detalles como la fineza de la cabellera, los colores de las plumas del ángel, el cincelado de la corona y la suavidad de la luz. La perfección pictórica nos conduce espontáneamente a la contemplación. Van Eyck hizo todo para que seamos sensibles a la belleza del mundo.

Un ojo de lince

Van Eyck alcanzó la perfección en el arte del detalle ilustrando manuscritos. Se instaló en Brujas, Flandes, en 1432. Pintó escenas religiosas y retratos. Mejoró la técnica de la pintura al óleo, conocida en aquella época, con una variada gama de colores que colocaba en capas sobrepuestas para lograr veladuras. Eso le permite al óleo reflejar perfectamente la luz y contribuye a lograr esa fidelidad en la transmisión de los detalles.

* *Flandes corresponde con la actual Bélgica y los Países Bajos.*

Jan VAN EYCK, ***Retrato de los Arnolfini***, 1434 – pintura sobre madera.

Tocar con la vista ▲

La escena evoca el matrimonio de los Arnolfini, en el momento en el que sellan su acuerdo. Nuestra mirada tiene la impresión de tocar la piel de los abrigos, el cobre del candelabro y el pelo del perro, por la minucia y el realismo con el que se trabajaron esas materias. Van Eyck manejó el arte del detalle con una deslumbrante precisión. Casi parece que miramos una fotografía.

Símbolos del matrimonio:

El perro significa fidelidad.

La escoba y el rosario resumen las dos actividades de la mujer casada (el mantenimiento de la casa y la piedad).

Santa Margarita es patrona de las futuras madres.

Las naranjas, frutos raros en aquella época, evocan al amor.

• *¿Dónde localizas en el cuadro los detalles que aquí ves?*

Belleza decorativa

El ser humano, desde la prehistoria, unió lo útil con lo agradable. Decora utensilios, armas, cerámica. El deseo de embellecer la vida diaria lo hace diferente a los animales. Obedece a esa necesidad profunda de belleza que encontramos en la mayoría de las civilizaciones y que se expresa en la decoración de objetos cotidianos, del mobiliario o la arquitectura. El artesano decora, con frecuencia, para agradar a su dios, a su rey o a sí mismo. Eso le da la oportunidad de ejercer su imaginación y sus habilidades. Las artes decorativas siempre se han considerado inferiores a las artes plásticas porque se aplican en objetos utilitarios.

Triunfo de Neptuno y Amfitrita (detalle), comienzos del siglo IV – mosaico.

El mosaico: arte decorativo

El mosaico, técnica basada en pequeñas piedras de colores pegadas sobre un soporte, estuvo muy de moda en el imperio romano. Apareció hacia el año 375 a.C. e invadió los muros, los pisos y las fuentes de las casas romanas, al igual que los edificios públicos. Representan escenas florales, geométricas o mitológicas. Sólido y resistente al agua, el mosaico reúne todas las cualidades.

Arte total

¿Y si las casas y las cosas, los muebles y los carteles fueran obras de arte? ¿Y si el arte habitara en nuestra vida cotidiana? Esas magníficas ideas germinaron en Europa hacia 1900 y dieron lugar a una serie de variadas creaciones, lo mismo en la arquitectura que en el mobiliario, los objetos o la pintura.
A falta de vegetación, los artistas, buscaron sus formas en la naturaleza y reconciliaron el arte con la decoración.
El nombre de ese movimiento, *Art nouveau,* viene del francés.

Émile GALLÉ (1846-1904),
Lámpara Los corpiños,
cerca de 1902.

Émile GALLÉ,
Modelo de florero en forma de bulbo de cebolla,
cerca de 1900
– lápiz y acuarela.

Antonio GAUDÍ (1852-1926),
Casa Battló (detalle), Barcelona.

Dios es bello y ama a la belleza

Palabras atribuidas a Mahoma

Para los musulmanes, el arte juega un papel decorativo y sirve para embellecer a la arquitectura. El trabajo del artista consiste en recubrir las paredes de una manera suntuosa, con el ánimo de inspirar a los creyentes mientras rezan. Esa ornamentación recurre a motivos vegetales, geométricos y caligráficos que se entrelazan y repiten en arabescos hasta el infinito, sobre la superficie de los muros. Con frecuencia, la figura humana fue prohibida en el arte islámico por motivos religiosos. Los grandes arabescos de esta cúpula de la mezquita de Isfaján, esplendor del arte islámico en cerámica policromada, representan al árbol del paraíso.

Techos de la mezquita del Shá
1612-1630, Ispahan, Irán.

Las entradas del metro de París, elaboradas en 1900, son creaciones Art nouveau, ¿cómo se llama su creador?

La belleza por sí misma

Algunos artistas han buscado la belleza con el único propósito de regocijar la mirada. Se trata de la belleza por sí misma, para liberar vibraciones agradables al ojo y llevarnos a exclamar, al mirar esas obras "¡qué belleza!". Esta búsqueda de la belleza por sí misma, para el placer del ojo del espectador, surgió cuando el arte se alejó de la religión, hacia el siglo XVII. Para ciertos pintores, la belleza y la felicidad van unidas. La mayoría de los artistas del siglo XX rechazaron esa búsqueda de la belleza visual.

◂ La belleza de las mujeres

A lo largo de su obra, Gustav Klimt exaltó la belleza de las mujeres y del amor. Aquí vemos su primer gran retrato. La belleza de la muchacha nos cautiva tanto como la forma en la que Klimt pintó su vestido de muselina.

Las artes nos conducen a un reino superior, el único capaz de procurarnos alegría pura, felicidad pura, amor puro. Klimt

Gustav KLIMT (1862-1918),
Adele Bloch-Bauer II, 1912 – óleo sobre tela.

La alegría de vivir ▸

Henri Matisse nos hizo un gran regalo: su obra entera es un auténtico himno a la belleza y está dedicada a la alegría de vivir y de pintar. Matisse se enamoró de la alegría y no le dio miedo decirlo. Sus primeras obras se llaman *Lujo, calma y voluptuosidad* o *La alegría de vivir*. Matisse se hizo pintor por accidente y todavía se le considera como uno de los mayores artistas del siglo XX. Para él, el equilibrio tiene que ver con la luz, la ligereza, el espacio y el color. A los sesenta y dos años, una operación lo obligó a permanecer en cama. La dificultad para pintar lo llevó a perfeccionar un procedimiento totalmente nuevo: los *gouache* recortados. Cortaba formas en hojas de papel cubiertas de *gouache* y luego las pegaba. Le gustaba decir que "Recortar el color vivo me recuerda la talla directa de los escultores." Esta bailarina centellea de luz y energía. Sus formas simples, sobre un fondo muy vivo, logran una gran fuerza expresiva. ¡Cuesta trabajo creer que la haya hecho un hombre de ochenta y cuatro años!

Siempre he deseado que mis obras tengan la ligereza y la alegría de la primavera. Matisse

Henri MATISSE (1869-1954), ***Bailarina criolla***, 1950 – gouaches recortados.

III

ARTE PARA REPRESENTAR AL MUNDO

Al huir de la invasión de los turcos en el siglo XIII, los griegos se establecieron en Italia. En sus equipajes llevaban libros escritos por sabios y filósofos de la Antigüedad. Sus textos despertaron a los espíritus, alimentados desde hacía siglos por el pensamiento cristiano. El Dios todopoderoso de la Edad Media fue destronado por el ser humano, quien se convirtió en el centro del mundo. Ya no era suficiente la visión bíblica del universo, había que entender al mundo con los propios ojos y la propia inteligencia. Es el Renacimiento. La imitación de la naturaleza se volvió la prioridad del arte occidental. Poco a poco, la imagen realista pasó a ocupar el lugar de la imagen simbólica de la Edad Media.

El arte es "el espejo del universo", diría Vincent de Beauvais en el siglo XIII Ese universo en plena expansión gracias a las exploraciones de Magallanes, Marco Polo y tantos otros, despertó la curiosidad de todo el mundo. Los sabios y los artistas querían hacer un inventario del mundo. El dibujo, vinculado con la observación, se revela como el mejor instrumento para describir y comprender a la naturaleza. La humanidad entró en la era científica.

El desarrollo de la imprenta, en el siglo XVI, permitió una amplia difusión de imágenes y conocimientos nuevos. Se multiplican las enciclopedias ilustradas por los mejores maestros del dibujo y el grabado.

Esa colaboración del arte y la ciencia se interrumpió en el siglo XIX, con la invención de la fotografía, pues el arte no pudo igualar la precisión ni la rapidez de las cámaras. Los artistas fueron los primeros en realizar imágenes científicas, lo cual resulta difícil de imaginar para nosotros que vivimos en una época en la que un abismo separa al arte de las ciencias.

Figuras del cielo

El cielo trae lluvia y buen tiempo, noche y día.
Volvemos la vista hacia él para resolver los enigmas de nuestra existencia: ¿de dónde venimos? ¿Hacia dónde vamos? Hasta el Renacimiento, los humanos miraban al cielo con los ojos del mito, de la religión y de los sabios antiguos. Las miniaturas medievales lo representan encerrado en un círculo, poblado de ángeles y dioses. Ese concepto medieval del cosmos fue puesto en tela de juicio en el siglo XVII, con la invención de los telescopios (1608) y los descubrimientos de los astrónomos Galileo, Copérnico y Kepler: el universo se reveló infinito. Los atlas del cielo se cuentan entre las más hermosas obras científicas debido a la colaboración de artistas célebres como el alemán Alberto Durero. Hoy día las sondas espaciales son las encargadas de transmitir imágenes del universo. El universo no deja que se termine su retrato. Sin embargo, la belleza de aquellas imágenes celestes aún nos fascina.

El cielo visto desde la tierra ▸

De acuerdo con observaciones realizadas a través de los mejores telescopios de su época, Étienne-Léopold Trouvelot dibujó más de siete mil vistas del cielo, que figuran entre las más hermosas y recientes representaciones pictóricas del cosmos. Murió en el observatorio de Meudon, contemplando las estrellas.

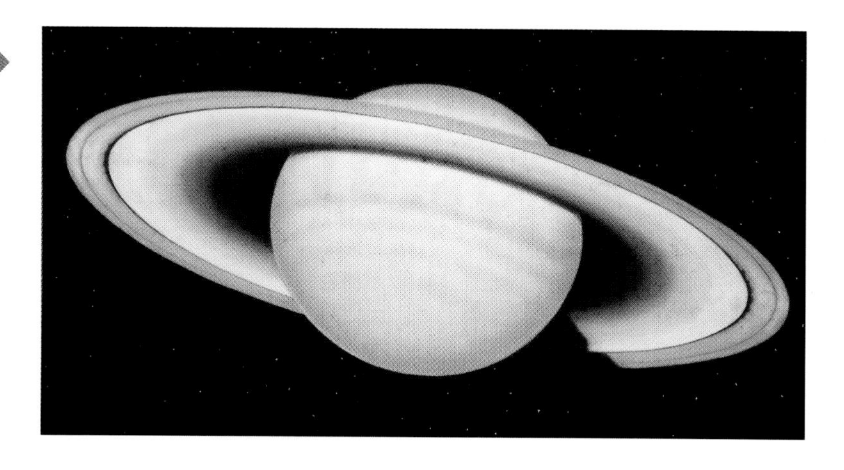

Étienne-Léopold TROUVELOT (1827-1895), ***El planeta Saturno,*** 1874 – pastel.

Stanislas DE LUBIENETSKI, ***El gran cometa***, 1664-1665.

El Gran Cometa ▴

En el siglo XVI, el cielo estaba poblado de figuras humanas y de animales que corresponden con los nombres de las estrellas y las constelaciones.
¿Qué constelaciones identificas?

La Tierra, ombligo del mundo ▸

El universo de la Edad Media se parece a una diana, cuyo centro inmóvil es la Tierra; los planetas giran alrededor de ella. Este concepto, enunciado por el astrónomo griego Ptolomeo (siglo II), se inspira en las ideas de la Grecia antigua.

Breviario de amor,
códice provenzal,
fines del siglo XIII, comienzos del siglo XIV.

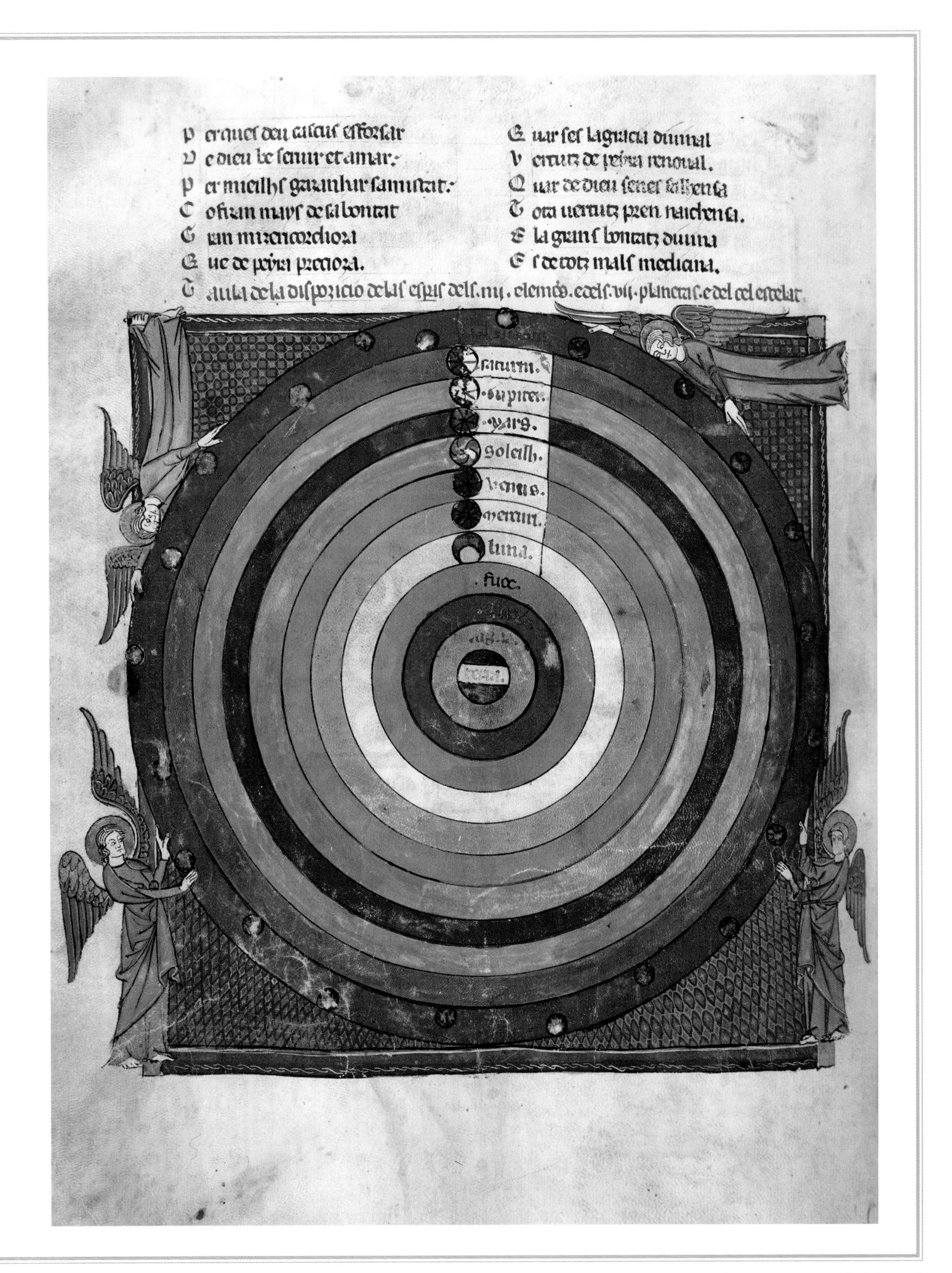

¿Qué imagen tenemos del Universo, en el siglo XXI?

Figuras de la Tierra

¿Dónde vivimos? Desde la Antigüedad, la Tierra se ha representado en mapas y mapamundis para responder a esa gran pregunta. En el año 150 d.C., Ptolomeo trazó en Alejandría uno de los primeros mapas del mundo. Esas representaciones se han ido transformando a lo largo de los siglos con la evolución de las creencias, los descubrimientos y los progresos técnicos. El arte y la ciencia, la imaginación y la realidad se mezclan en los mapas. En el siglo XVIII, los holandeses, reyes de la navegación, difundieron por toda Europa mapas y atlas iluminados, verdaderas obras de arte, muy apreciados por su precisión geográfica. Los mapas, herramientas de saber y conquista, resultan muy útiles para el desplazamiento de marinos, militares y comerciantes.

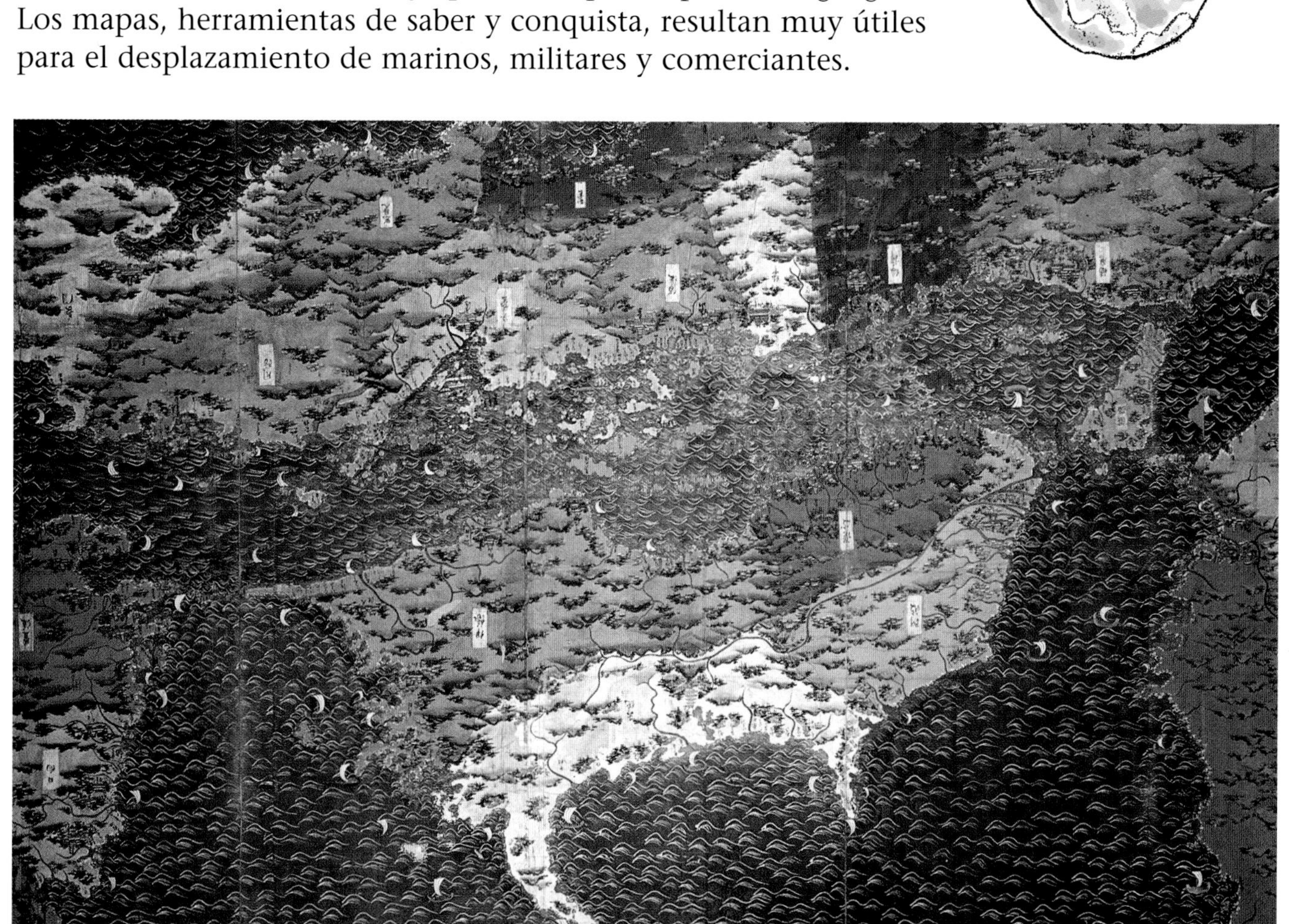

Mapa de rutas marítimas y terrestres entre Edo y Nagasaki, siglo XVII, Japón.

Objetos de arte ▲

A fines del siglo XVI, los mapas se volvieron auténticos objetos de arte en Japón. En este caso, cada provincia fue coloreada y dio lugar a un paisaje con montes, templos y castillos famosos. Con la ayuda de una lupa podrás admirar la delicadeza de las pagodas. No olvides que el arte del paisaje surgió en el siglo X en China y se convirtió en el tema preferido de los artistas orientales.

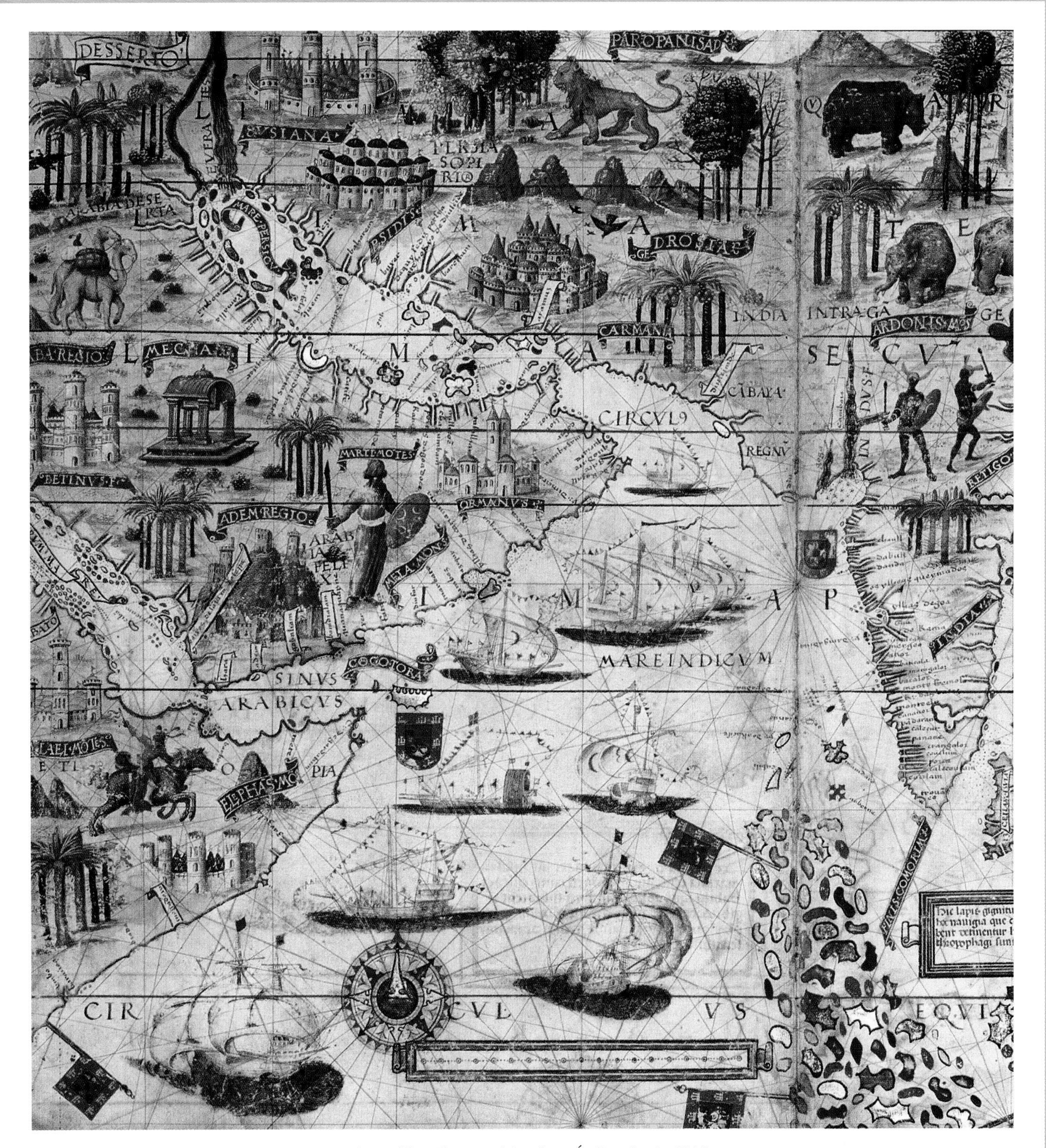

Atlas Miller, El norte del océano Índico, hacia 1519.

Los portulanos

Los portulanos, mapas realizados a fines del siglo XIII para los marinos, tienen el propósito de trazar las costas con precisión. Estos mapas marítimos fueron indispensables para el éxito de las grandes expediciones del siglo XVI.

Este mapa forma parte del *Atlas Miller*, considerado una de las obras maestras de la cartografía del Renacimiento. Ilustra los viajes de Vasco de Gama, sobre todo sus expediciones a Brasil, India y Arabia.
El artista representó maravillosamente cada país con su flora y su fauna.

- *Localiza Arabia con sus camellos, en el Atlas Miller, a la India con sus elefantes y a África, con su jinete.*

Ver para saber

Leonardo da Vinci (1452-1519)

Arquitecto, matemático, ingeniero, escultor, inventor, pintor, escritor.

Desde niño, Leonardo intentó comprender el funcionamiento del Universo. Todo atrae su interés: las flores, el cuerpo humano, las piedras, las cascadas... Las observa y las dibuja, para penetrar sus secretos: ¿de qué están hechas?, ¿cómo funcionan? Aprendió botánica, zoología, matemáticas, hidrología, mecánica, geología, con el objeto de afinar sus análisis. Su obra comprende una docena de cuadros y miles de dibujos que revelan el genio de este espíritu universal. Encarna a la perfección al artista sabio del Renacimiento, que considera al arte como una ciencia exacta cuyo objetivo es el de comprender los mecanismos de la naturaleza.

Máquina voladora

Fascinado por las aves y el cielo, Leonardo da Vinci imaginó esta máquina voladora, ¡demasiado pesada, desafortunadamente, para funcionar!

Leonardo DA VINCI,
Maquetas de máquinas voladoras.

Leonardo da Vinci, ***Remolino de agua***

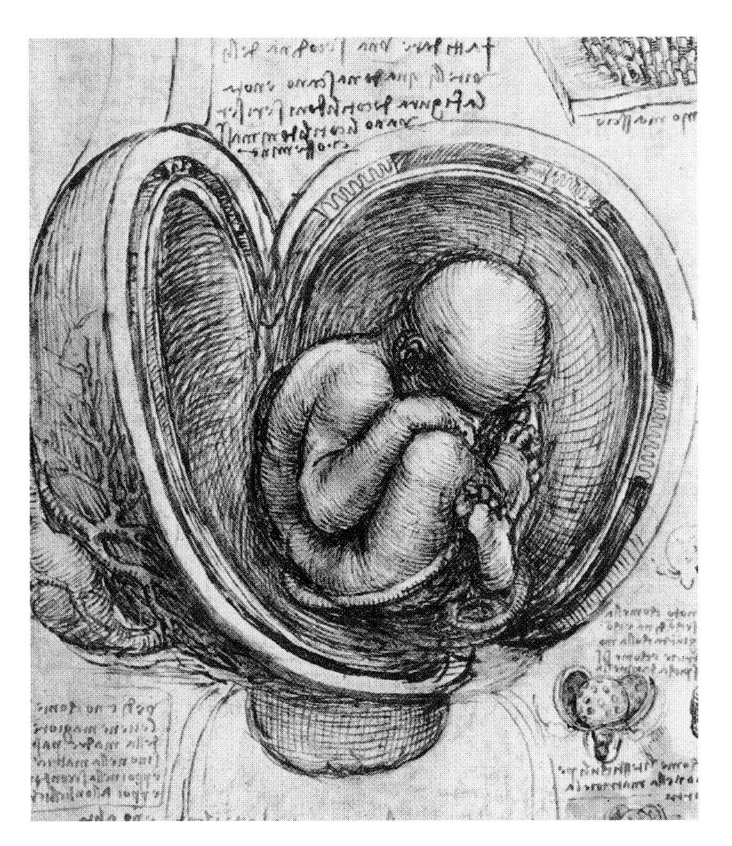

Remolinos de agua

¿Hay algo más difícil de fijar para el dibujo que el movimiento del agua? Leonardo da Vinci hizo numerosos experimentos, como dejar caer agua dentro de un recipiente para observar los remolinos que provocaba.

Primeras imágenes del cuerpo humano

"Pintor anatomista", como se le llamaba, Leonardo da Vinci estuvo fascinado por el cuerpo humano. Practicó disecciones a cadáveres para comprender el funcionamiento anatómico. Usó la perspectiva para dar una imagen en relieve a los órganos internos, los músculos, los huesos. Éstas son las primeras imágenes en tercera dimensión del cuerpo humano.
Él jamás vio un feto humano y por lo tanto este dibujo, hecho según un estudio de feto bovino, es muy preciso.

* La perspectiva es una técnica para dar la ilusión de volumen y profundidad en una pintura. Es una de las mayores innovaciones del Renacimiento. Leonardo da Vinci escribió en 1492 un largo tratado sobre esto.

Leonardo da Vinci,
Dibujo de feto, 1510-1513.

• *¿Cómo se llama el cuadro más célebre de Leonardo da Vinci?*

Hacer el inventario del mundo

En el siglo XVI, los grandes descubrimientos de América y Oriente ampliaron la visión del mundo. Revelaron una fauna y una flora desconocidas hasta entonces. Rápidamente, zoólogos y botánicos participaron en las expediciones, acompañados de pintores. Con frecuencia, ponían sus vidas en peligro para traer plantas e imágenes que mostraran esas maravillas exóticas. Así aparecieron los grandes libros sobre la naturaleza: bestiarios, florilegios, enciclopedias.
En los siglos XVII y XVIII, príncipes y reyes abrieron gabinetes de curiosidades, donde exponían sus tesoros naturales: caracoles marinos, piedras, corales, ceras anatómicas, mariposas...
Estos sitios de exposición anticiparon la creación de los museos.
En Francia, el Museo de Historia Natural abrió sus puertas en 1793.

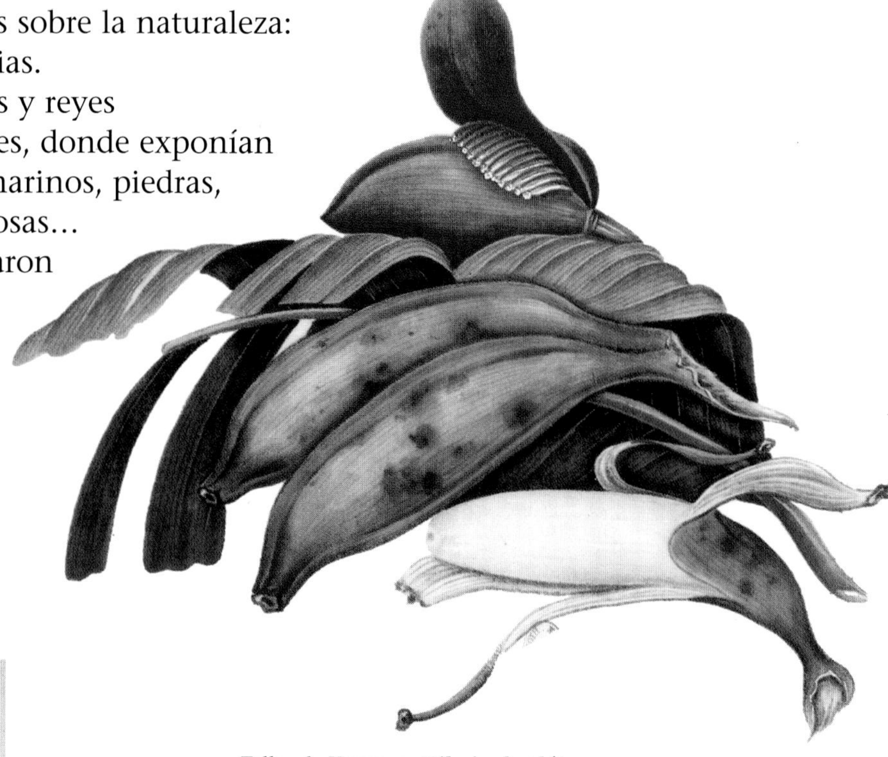

Taller de YOEEQUA, ***Dibujo de plátano***, cerca de 1840, China – pintura sobre papel.

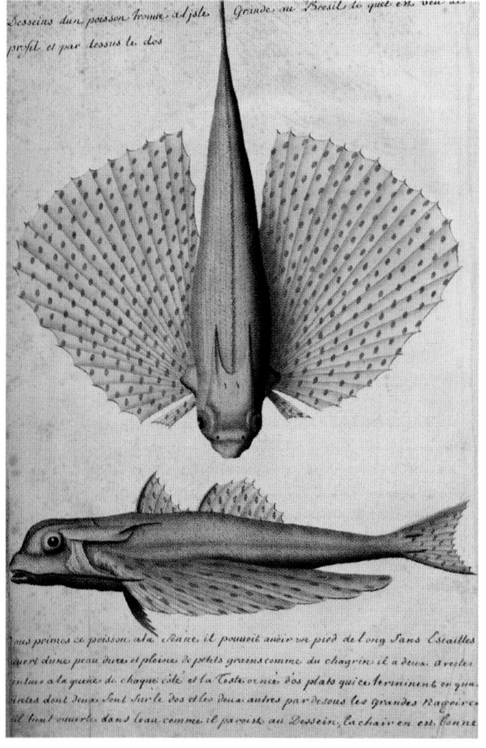

Dibujo de un pez de Isla Grande,
manuscrito ilustrado.

Las ceras coloreadas ▸

Se usaban como modelos de observación para comprender el cuerpo humano; sin embargo, también se coleccionaban por su belleza plástica y se exponían en los gabinetes de curiosidades.

Mujer con lágrimas,
1784 – cera coloreada.

Un libro mamut

¿Cómo meter a un flamenco rosa en la página de un libro? ¡Resulta difícil, pero se puede! Audubon, pintor viajero, reunió a todos los pájaros de América en un atlas llamado "Mamut" a causa de su volumen.

John James AUDUBON (1785-1851), ***Flamenco rosa.***

• *Y tú, ¿qué objetos, qué imágenes pondrías en tu gabinete de curiosidades?*

Volver visible lo invisible

Al explorar un universo infinitamente pequeño o infinitamente grande, los investigadores del siglo XX ampliaron nuestra visión del mundo. Nos revelaron que los granos de arena y las estrellas están hechos de la misma materia: partículas unidas entre sí por fuerzas. ¿Puedes imaginar que este libro está constituido por miles de millones de átomos en perpetuo movimiento? No es fácil de creer, porque resulta imposible observarlo a simple vista.
Los artistas del siglo XX intentaron expresar las realidades invisibles que nos rodean, de la misma manera que sus antecesores describieron el mundo visible para comprenderlo.

No voy a hacer un cuadro, voy a abrir el espacio, crear para el arte una nueva dimensión, recuperar el cosmos tal como se extiende, al infinito, más allá de la superficie llana de la imagen.

Lucio Fontana

◂ La conquista del espacio

La obra de Fontana está influida por la conquista del espacio y el descubrimiento del átomo. Sus lienzos son una puesta en escena del espacio. En este, se aprecia una nave espacial flotando entre constelaciones de estrellas. ¿Ya viste que los hoyos que marcan a las estrellas son, para él, una forma de abrir el espacio?

Lucio FONTANA (1899-1968), ***Concepto espacial***, 1956 – óleo y diversos materiales sobre tela.

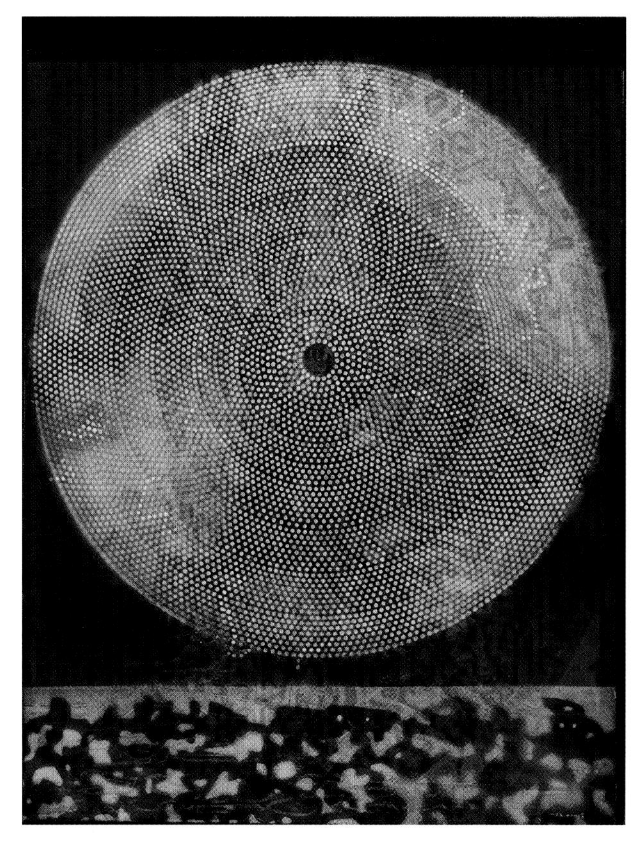

Max Ernst (1891-1976),
Nacimiento de una galaxia, 1969 – óleo sobre tela.

Takis (nacido en 1925),
Telescultura No. 14 – Juego de ajedrez, 1963.

Takis ▲

Estos extraños peones se mantienen en equilibrio gracias a un imán; exactamente como nosotros nos sostenemos de pie gracias a la atracción universal. Takis, escultor de origen griego, cobró conciencia de la existencia de fuerzas invisibles, magnéticas, sonoras o eléctricas que nos rodean y rigen al Universo al mirar los anuncios luminosos de las estaciones de tren y los radares de los aeropuertos. ¿Cómo hacerlas presentes ante nuestra mirada, si son invisibles?
En 1959, encontró una idea genial: creó esculturas magnéticas, con imanes, que hacen presentes, ante la vista y el espíritu del espectador, la existencia de esas fuerzas.

• *¿Qué acontecimiento capital en la historia de la humanidad tuvo lugar en 1969?*

IV

ARTE PARA DAR TESTIMONIO, ENSEÑAR Y REFLEXIONAR

¿Qué es una obra de arte? Un trazo, pintado, grabado, esculpido o dibujado en un soporte material, sin utilidad práctica.
Al contrario del ser humano, cuya vida rara vez supera los cien años, las obras de arte pueden vivir mucho tiempo.
Hasta la reciente invención de la foto y el cine, el hombre creó imágenes sobre materiales resistentes para no caer en el olvido y sobrevivir en la memoria de los demás. En Grecia y en la India narró sobre los muros de los templos las historias de los dioses y los héroes.
En Occidente inventó el retrato para inmortalizar su rostro, y desde el siglo XVI describió con lujo de detalle la vida cotidiana.
El arte tiene que ver con la memoria. Es un objeto, pero también un lenguaje. A través de sus formas, de sus líneas, de sus colores, de su materia, un cuadro puede expresar ideas, ilustrar historias o interrogar al mundo. El pintor chino Xun Zi dijo en el siglo IV a.C. que una imagen vale más que mil palabras. Durante la Edad Media, en Europa, la pintura y la escultura le contaron la Biblia al pueblo que no sabía leer. Los reyes, los papas y los príncipes encargaban cuadros a los pintores para celebrar conquistas y alianzas. En el siglo XIX, algunos artistas expresaron sus ideas políticas e invitaron a los ciudadanos a reflexionar sobre la vida y el mundo. Para ellos, el arte no representa al mundo, sino que da forma a las ideas.
Como dijo Sol Lewit, artista norteamericano: "Sólo las ideas pueden ser obras de arte".

哥麿筆

El retrato para recordar

¿Recuerdas cómo eras cuando cumpliste un año? Probablemente no. Sólo una foto podría ayudarte a refrescar la memoria. El retrato, pequeña victoria sobre el tiempo, es un recordatorio; sobrevive a la muerte del modelo y será un silencioso testigo para las generaciones futuras. Gracias a él conocemos los rostros de nuestros antepasados.

Los primeros retratos pintados de los que se tiene noticia fueron hechos en Pompeya, hacia el año 50 d.C. No sabemos cómo eran los rostros en la Edad Media, incluso de la gente célebre, porque en esa época sólo tenían derecho a la imagen Cristo, la Virgen, los ángeles y los santos.

En el siglo XVI apareció la moda del retrato individual e invadió los muros de las casas. Debe parecerse al modelo y a la vez, halagarlo. En el siglo XIX, la fotografía reemplazó al retrato pintado. Como el ave fénix (pájaro mitológico que muere y renace de sus cenizas), el retrato volvió en el siglo XX bajo nuevas formas.

Hans Holbein (1497-1543),
El comerciante Kaufmann, 1541 – óleo sobre tela.

Retrato vivo

Este retrato de identidad es muy completo porque indica el rango social, la riqueza y erudición (como lo indica el libro que sostiene) del comerciante Kaufmann. ¡Holbein logró tal parecido en la expresión del rostro que da la impresión de estar vivo!

Arman (nacido en 1928), ***Retrato-robot de Verdi,*** 1991 – acumulación de instrumentos y objetos en una caja.

Retrato-robot...

Su esposa, que era compositora, inició a Arman en la música. Lo interesante de este *Retrato-robot* no reside en la apariencia física de Verdi, sino la valoración de las características musicales de su obra. En este caso, la reunión de instrumentos de cuerda y metal evoca la orquestación de sus óperas. Este tipo de retrato rompe con la tradición de los retratos pintados, sin embargo, también se hace para recordar.

Edgar Degas (1834-1917), ***La familia Bellelli***, 1867 – óleo sobre tela.

Álbum de familia

Este es un hermoso recuerdo para el álbum de familia.
Todos los personajes tienen su mirada absorta en algo, salvo la niña de la izquierda, quien nos invita con los ojos a entrar en el cuadro.

¡Hacer un retrato!

Gracias a la fotografía, basta con apoyar un botón para inmortalizar al modelo. Esta técnica, inventada por Niepce, se mostró al mundo en 1839. Como resulta más rápida y menos cara, pronto reemplazó al retrato pintado. Antes de su invención, las personas con cierto estatus social posaban ante un pintor al menos una vez en sus vidas, para que les hiciera un retrato.

Nadar (1820-1910),
Retrato de Gounod, 1890 – fotografía.

La Historia en imágenes

La pintura histórica es un poco como el noticiero de la televisión. Registra los grandes acontecimientos que marcan la vida de un país. La mayoría de estas imágenes, esculpidas o pintadas, se hacían por encargo de los soberanos para exaltar sus conquistas entre el pueblo y grabarlas en la memoria de las generaciones futuras. Hoy día sirven de ilustración para tus libros de historia. Esas imágenes no siempre fueron fieles a la realidad, porque no en todos los casos los artistas estaban presentes el día del suceso o bien, porque los reyes dictaban lo que la imagen debía transmitir, sin preocuparse por la verdad. No es el caso de los reporteros de guerra de nuestros días. En el siglo XVII, la Academia de Bellas Artes de Francia otorgó la Palma de Oro a la pintura histórica, pues incluía todos los géneros: retrato, paisaje y acción. Con la llegada de la República* en el siglo XIX, los artistas se liberaron de quienes les encargaban cuadros y comenzaron a pintar su propia visión de la historia.

Locura imperial de grandeza

Los emperadores siempre han padecido delirio de grandeza. En el año 107 d.C., Trajano mandó labrar esta columna para erigirla ante los ojos de todos los romanos. El friso, inicialmente a color, mide más de doscientos metros de longitud y asciende en espiral por la columna de mármol. Allí se narran con detalle dos guerras contra Dacia, según bocetos realizados en el instante de la acción.

Columna de Trajano,
107 d.C., Roma
– bajo relieve en mármol.

* N.d.T. Se refiere a la República Francesa

Horace Vernet (1789-1863), ***Felipe Augusto en la batalla de Bouvines***, 1827 – óleo sobre tela.

Galería de batallas

De 1833 a 1837, el rey Luis Felipe transformó el castillo de Versalles en museo de historia, dedicado a "las glorias de Francia". Allí se alojó la Galería de las Batallas. Treinta y tres cuadros gigantes mostraban las grandes batallas francesas, desde Clovis hasta Napoleón.

Antes, Luis XIV había elegido la Galería de los espejos para exhibir sus conquistas. Setenta y siete metros de longitud no resultaban demasiado para contener las hazañas del Rey Sol.

Tira de tapiz

Encargada por el obispo de Bayeux, esta tira de tapiz evoca la conquista de Inglaterra por Guillermo el Conquistador en 1066. Se trata de un documento único en su género que nos da a conocer, con mucha precisión, el modo de vida de su época.

Tapicería de Bayeux,
cerca de 1070 – lana bordada sobre lino.

Cuentos de la vida cotidiana

Hasta el siglo XVI, para figurar en un cuadro en Occidente se requería ser rico o célebre. Sólo los héroes, religiosos, históricos o mitológicos, tenían esa oportunidad. El arte muestra lo extraordinario. La religión protestante, nacida en el siglo XIV en el norte de Europa, transformó esas costumbres.
Bajo su influencia, el arte amplió la opción de sus modelos. Entró en escena la gente ordinaria, como tú o yo.
¡Al fin nos contemplan en los cuadros!

◂ Escenas de género

Esos puños cerrados nos quitan cualquier deseo de sentarnos en el sillón. En Holanda, a fines del siglo XVI, la nueva religión protestante rechazó las imágenes que representaban la vida de Cristo y de los santos. Proclamó que la religión debía involucrarse con la vida diaria. La pintura abandonó las escenas religiosas y se interesó en la vida de los hombres. Apareció un nuevo tema, llamado escena de género. En él se refieren gestos de la vida diaria como pelar verduras o bañar niños. Estas escenas, llenas de vida y humor, ofrecen un testimonio único sobre la vida en aquella época. Nos permiten ver cómo se vivía en las casas, en los cafés, en los mercados, ¡hasta en el consultorio del dentista!
Al contrario de lo que ocurre en los retratos, los personajes de las escenas de género son anónimos.

Gérard Dou (1613-1675),
El sacamuelas, cerca de 1630-1635
– óleo sobre madera.

Intimidad

A lo largo del siglo XVIII, en Japón, las estampas (imágenes impresas con placas grabadas de madera o de cobre) muestran con frecuencia actores célebres, mujeres coquetas y escenas de la vida familiar. Aquí, Utamaro capta el instante de la limpieza de orejas para evocar con humor y ternura la intimidad entre una madre y su hijo. En esa época, el niño japonés se consideraba, con frecuencia, como "una divinidad hasta los siete años". El arte de la estampa transmite con fidelidad la veneración de la sociedad japonesa por esa edad de la vida.

Kitagawa UTAMARO (1753-1806),
La limpieza de las orejas,
– estampa.

El realismo

En el siglo XIX, dos artistas, Gustav Courbet y Jean-François Millet, decidieron mostrar la vida ordinaria de la gente simple, sin pretender embellecerla. Para ellos, los trabajos rudos, la miseria y la vida difícil de las mujeres, obreros y campesinos, eran dignas de pintarse. Se trata de los comienzos del realismo que se desarrolló en Europa a todo lo largo de ese siglo.

Honoré DAUMIER (1808-1879),
La lavandera,
cerca de 1861 – óleo sobre madera.

• *¿Cuál es, para ti, la más realista de estas tres obras y por qué?*

Cuadernos de viaje

Recordar, recordar... Los pintores no esperaron a que se inventaran las cámaras de foto para registrar sus recuerdos de viaje. A principios del siglo XIX, cuando se desarrollaron los transportes, salieron como auténticos reporteros a descubrir el mundo en diligencias y barcos. Se acabaron los paisajes imaginarios, pintados en el taller, ¡viva la imagen directa! Registraron sus impresiones de viaje en acuarelas, gouache y dibujos, técnicas fácilmente transportables. ¡Algunos de esos cuadernos de viaje resultan verdaderas guías turísticas!

William Turner

Todos los veranos, Turner recorría Europa. Gracias a sus trescientos cuadernos anotados se pueden reconstruir con detalle sus itinerarios: París, Venecia, Suiza, el Rhin, Normandía... Visitó Nantes durante un viaje por las riberas del Loire. Trazó a lápiz los monumentos, el puerto y las orillas del río. Sin embargo, realizó en Londres esta fascinante acuarela. Turner dominó a la perfección esta técnica y descubrió ciertos secretos para ejecutarla. Por ejemplo, mojaba una acuarela inconclusa para mezclar los colores.

William TURNER (1775-1851),
Nantes, cerca de 1829-1830 – acuarela.

Un cuadro en cada esquina

Oriente hizo soñar a muchos pintores y escritores de los siglos XVIII y XIX. Muchos de ellos emprendieron el viaje. Delacroix, por ejemplo, acompañó a una misión diplomática a Marruecos en 1832. La luz, los colores y las escenas de las calles de Tánger lo deslumbraron. Durante un mes recorrió la ciudad y anotó todo lo que veía. Sus cuadernos de viaje muestran la arquitectura, las costumbres, los rostros y los ambientes del país.

Eugène DELACROIX (1798-1863),
Álbum de África del Norte (extracto), 1832 – acuarela y tinta sepia.

El Oriente sin fin

Hasta el día de su muerte, Delacroix pintó el Oriente con una brillante paleta de colores, apoyado en sus croquis y en su memoria.

Eugène Delacroix, (1798-1863)
Estudio para "Mujeres de Argelia"
(extracto), 1832 – acuarela y tinta sepia.

Eugène Delacroix, (1798-1863) ***Mujeres de Argelia en su apartamento***, 1836 – óleo sobre tela.

- *En este cuadro de Delacroix, ¿por qué crees tú, que estamos en Oriente?*

La pintura es un libro que habla

Gregorio de Niza, siglo VI

La religión cristiana dominó a Europa en la Edad Media. Hacia el año mil, las imágenes religiosas invadieron poco a poco los muros y portales de las iglesias, narran la vida de Jesús y de los santos.
Esas pinturas, esculturas y vitrales, que hoy día miramos como decorados, jugaban un triple papel en esa época: servían para catequizar a los analfabetas, alentaban a la gente a rezar y a imitar la vida de los santos y finalmente, debían convertir a los infieles.

Rogier VAN DER WEYDEN (1399-1464),
Descenso de la Cruz, 1435 – óleo sobre madera.

La Creación del mundo, siglos XV y XVI, Plugrescant – Pintura mural.

◂ Imagen del fervor

Nos gustaría entrar al cuadro para consolar a todos esos personajes, de aspecto tan triste y trastornado.
El instante es dramático y el artista nos lo hace comprender a través de la expresión de los rostros y las actitudes. María, a la izquierda, se desmaya; a su lado llora una mujer y una tercera se tuerce las manos de dolor; no olvidemos el magnífico retrato de Juan, perdido y ausente a la vez, levantando a la Virgen. Imagínate en una iglesia, ante esta obra. El sufrimiento te conmueve al grado de enternecerte por el crucificado y sus compañeros.
A este tipo de imágenes se les llama devotas. Esta palabra, poco empleada en nuestros días, se refiere al fervor. Desarrolladas a lo largo del siglo XV, estas imágenes buscaban las lágrimas del espectador para reforzar su oración y piedad.

La Biblia en imágenes ▴

Dios dijo:
Que haya luminarias en el firmamento
para separar al día de la noche… Y así fue.
Dios hizo dos grandes luminarias;
La más grande para que reinara durante el día,
La más pequeña para que reinara durante la noche; también hizo las estrellas.
Extracto del *Génesis*.

Esta imagen ilustra el pasaje de la Biblia que acabamos de leer. El artista imaginó un sol en forma de estrella de mar y una luna con rostro. Los ángeles cubiertos de hojas parecen sirenas. Es muy probable que el mar, a dos pasos de la capilla de Plugrescant, haya influido en nuestro artista. Al igual que todo el arte de su época, esta imagen no imita a la realidad. Su organización resulta simple, para que todo el mundo pueda entender lo que dice. Ayudaba a la gente a memorizar los relatos de la Biblia que escuchaban en la misa. El resto del techo de la iglesia cuenta la vida de Cristo en imágenes, como una historieta a la que se le hubieran quitado los textos. ¡Fíjate en cómo los colores han resistido el paso del tiempo!

Códigos de la ruta

Estas dos imágenes se parecen mucho, cuentan casi la misma historia y sin embargo, nacieron en países que no tenían ningún contacto entre sí. Advierten, como señales de peligro: "Hombre, presta atención a la vida que llevas, mira lo que te espera si sigues actuando sin reflexionar". Son vehículos del pensamiento budista y cristiano que invitan al espectador a meditar en la vida indicando los peligros, los actos que hay que evitar y la dirección correcta.

La rueda de la vida

Para el budismo, el sufrimiento de la vida humana es comparable con una rueda que gira sin cesar. De allí el nombre de esta imagen: *la rueda de la vida*. Al centro, un puerco, un gallo y una serpiente simbolizan la ignorancia, el deseo y la ira, las tres fuentes de nuestro sufrimiento. Buda se liberó en vida del sufrimiento y enseñó a los humanos el método para lograrlo. Poco a poco, la meditación ante esta imagen lleva al practicante a renunciar a su vida insatisfactoria para adoptar la vía del Buda.

Bhavacakra, Rueda de la vida,
fines del siglo XIX, Tibet
– gouache sobre tela.

El ojo de Dios

El Bosco recurrió a este círculo para simbolizar el ojo de Dios, que todo lo ve como en un espejo. Al morir, cada hombre será juzgado de acuerdo con sus actos. Resulta imposible sustraerse al fallo: infierno o paraíso. Los cristianos empleaban esta imagen para reflexionar sobre sus actos antes de confesarse.

Jerónimo Bosch

(1450-1516)

Este pintor flamenco fue muy conocido por su universo fantástico. Inspirado en temas bíblicos y en literatura popular, visita, en su obra, el mundo de los infiernos y los demonios, como si quisiera expresar en imágenes los miedos del hombre medieval, atemorizado por el destino que lo esperaba cuando se presentara ante un Dios que todo lo sabe.

Jerónimo Bosch, "El Bosco" (1450-1516), ***Los siete pecados capitales y los cuatro fines últimos*** – óleo sobre tela.

• *Compara estas dos imágenes, ¿qué semejanzas observas?*

El tiempo pasa...

La vida es corta, el tiempo pasa rápido y la muerte es inevitable. Desde la Antigüedad, el arte se encarga de recordar estas evidencias a quienes les gustaría olvidarlas. Las imágenes colocan a la muerte ante nosotros para movernos a reflexionar sobre la vida. En la Edad Media se mostraban cadáveres, pero en el siglo XVII se prefirió evocar a la muerte a través de objetos simbólicos. Detrás de esas imágenes se oculta un mensaje filosófico. En una palabra, nos dicen que "Todos los hombres somos iguales ante la muerte. No pierdas tu tiempo en cosas inútiles, ve a lo esencial". ¡Gracias por el consejo!

Las tres edades de la vida ▸

La infancia, la edad adulta y la vejez... El cuerpo es el mejor testigo para indicar el paso del tiempo. Cualquier hombre o mujer que mire este cuadro se sentirá aludido, pues reconocerá su propia historia. La moraleja del tema de las tres edades, abundantemente ilustrado en la pintura, es: ¿para qué apegarse al cuerpo, pues el tiempo lo transformará y un día llegará la muerte?
Más vale ocuparse del espíritu.
En nuestra época, este tipo de imágenes serviría más bien como anuncio de un remedio milagroso contra la vejez...

Hans Baldung (1484-1545),
Las tres edades y la muerte – óleo sobre madera.

Philippe DE CHAMPAIGNE (1602-1674), ***Vanidad*** – óleo sobre tela.

Vanidad ▲

El tema de la vanidad apareció por primera vez en Holanda, en el siglo XVII. El cráneo, el reloj de arena y la flor evocan el tiempo que corre y la inevitable muerte de todo ser vivo. Nos invitan a reflexionar acerca de la fragilidad de todas las cosas, la riqueza, el poder y el conocimiento incluidos. Entonces, ¿para qué pasarse la vida persiguiéndolos?

Tránsito de piedra ▸

No se trata de una película de muertos que reviven, sino de la tumba de un obispo en el interior de una iglesia. El cadáver que representa al cardenal Lagrange fue esculpido con una precisión anatómica y un realismo sorprendentes. Este tipo de esculturas fúnebres, llamado tránsito, apareció durante el siglo XV, en una época en la que la peste causaba estragos. La misión del cadáver de piedra era recordar a los vivos que sólo la religión podía salvarlos.

¿Qué razones tienes para sentirte orgulloso? Desafortunadamente sólo eres ceniza y pronto serás como yo, un cadáver apestoso, alimento de gusanos.

Tránsito del cardenal Lagrange, 1402 – alabastro.

• *Si quisieras pintar una vanidad en el siglo XXI, ¿qué objetos elegirías para evocar el paso del tiempo?*

Arte político

Los artistas utilizaron sus obras para expresar sus revueltas, críticas y esperanzas ante los acontecimientos del siglo xx. El arte tiene el poder de convencer y propagar las ideas, aunque las guerras jamás hayan cesado. Desde este punto de vista, los muros ofrecen un soporte ideal, debido a sus grandes dimensiones y porque resultan visibles para todo el mundo. En México, Diego Rivera, entre otros, pintó la revolución de su país en las paredes de los edificios públicos. Dictadores como Hitler o Stalin suprimieron a los artistas que juzgaban peligrosos para el orden público. Sin embargo, eso no les impidió recurrir al arte del cartel, la escultura y la arquitectura para difundir sus ideas entre el pueblo. A eso se llama arte de propaganda.

El arte del cartel

El cartel se utilizó con frecuencia en los países totalitarios como instrumento de propaganda para adoctrinar, seducir, reclutar en el ejército y prometer un futuro mejor al pueblo. Tras la revolución de 1917 en Rusia y hasta la caída del muro de Berlín, en 1989, muchos artistas pusieron su talento al servicio de la propaganda comunista. Hoy día, el cartel es un soporte para la publicidad y cumple el papel de informar a los ciudadanos sobre problemas como las drogas, el alcohol o el sida.

Cartel, 1944, URSS
¡Adelante, hasta destruir a los invasores alemanes y expulsarlos fuera de las fronteras de nuestra patria!

A Marat, un amigo del pueblo ▸

Durante la Revolución francesa, el pintor David, miembro del club de los Jacobinos, buscó la caída del rey Luis XVI. Su amigo Marat, un periodista militante, fue asesinado en su tina. David rindió homenaje póstumo a ese gran revolucionario y lo celebró como mártir. Su pose recuerda a la de Cristo en el descenso de la Cruz. La caja de madera sirve de lápida, con la inscripción "A Marat" y la tina, de ataúd.
Los revolucionarios honraron este cuadro de una manera casi religiosa.

Jacques Louis David (1748-1825), ***Marat asesinado***, 1793 – óleo sobre tela.

• *En este libro reproducimos un descenso de la Cruz, ¿quién es su autor?*

El arte no se hizo para decorar apartamentos. Es un instrumento de guerra, ofensivo y defensivo, contra el enemigo. Mi mayor esperanza es que mi trabajo contribuya a impedir nuevas guerras en el futuro.

Pablo Picasso

Una aldea bombardeada

En 1936 se desató una guerra civil en España, entre Franco, por un lado, un fascista cercano a los nazis, y los republicanos, por el otro. El primero de mayo de 1937, Picasso se enteró de una terrible noticia: los aviones alemanes que llegaron para apoyar a Franco bombardearon Guernica, un pueblo vasco, cuando las calles estaban llenas de gente. Como español, Picasso reaccionó de inmediato y se puso a trabajar. Un mes más tarde terminó esta obra inmensa, de ocho metros de longitud. No describió el bombardeo, sino que prefirió utilizar los símbolos de la

oscuridad, el grito, la brutalidad ciega del toro y del caballo para denunciar los horrores del fascismo.
Eligió el negro, el blanco y el gris, los colores de la muerte y el duelo. Simplificó las formas, desplegadas en grandes planos, para impresionar a nuestra mirada.

Picasso firmó esta obra política donde grita su rebeldía contra la barbarie humana.

Pablo Picasso (1881-1973),
Guernica, 1937 – óleo sobre tela.

• *Describe con precisión lo que ves en este cuadro.*

¡Nunca más!

Zoran Music (nacido en 1909)

El siglo xx fue uno de los más crueles de nuestra historia: guerras mundiales y civiles, genocidios, bombas atómicas. Algunos artistas, presentes en las matanzas, quisieron dejar un testimonio a las generaciones futuras, para que no se olviden esos acontecimientos. El judío Zoran Music fue uno de ellos. Estas obras, hechas para la memoria, resultan muy desconcertantes, nos interrogan y exhortan a hacer todo para que esos horrores no se repitan nunca más.

Zoran Music, ***Cuerpos en ataúdes***, 1945 – tinta sobre papel.

Estaba como enceguecido
por la alucinante extensión
de esos campos de cadáveres.
Me adhería a mil detalles,
sin dejar de dibujar...

Zoran Music

Los campos de concentración

De 1939 a 1945, Hitler exterminó a más de seis millones de judíos europeos en campos de concentración. A los treinta y cuatro años, Zoran Music fue enviado al campo de Dachau. Allí descubrió "un mundo irreal, alucinante", donde vivió rodeado de muertos y moribundos. Para sobrevivir, se puso a dibujar en secreto lo que veía.

Zoran Music,
Dachau, 1945
– tinta sobre papel.

Zoran MUSIC, ***No somos los últimos,*** 1970 – acrílico sobre tela.

Cuando estábamos en el campo,
decíamos que este tipo de cosas
no podría volverse a producir
jamás.
Que cuando la guerra terminara
nacería un mundo mejor,
donde estos horrores no podrían
volverse a producir...

Zoran Music

¿Cómo es posible?

Después de su liberación, Music se dedicó a pintar,
como lo había hecho antes de su arresto. Hizo paisajes
y retratos de su esposa.
Zoran Music dejó pasar veinticinco años antes de poder
expresar el infierno de Dachau.
En 1970, la guerra de Vietnam y los campos del Gulag le
revelaron a Music que lamentablemente él y sus camaradas
no eran los últimos...
¿Cómo es posible?
Esta terrible pregunta vuelve incansablemente a nuestro
espíritu al mirar esos rostros con los ojos desorbitados, las
bocas desdentadas, poseídas por el terror. Music estuvo allí,
no inventó nada.
No hay respuesta, el silencio se impone.

Barrer las viejas ideas

Provocar, sacudir las costumbres.
Ese fue el objetivo que se fijaron ciertos artistas del siglo XX para romper con los artistas del pasado y tirar a la basura sus viejas ideas acerca del arte. Sus obras, muchas veces inesperadas y llenas de humor, renuevan las respuestas a las preguntas ¿qué es una obra de arte?, ¿para qué sirve?
El arte ya no se encuentra al servicio de la religión cristiana, como lo estuvo a lo largo de muchos siglos, cambió de dirección. Se puso en tela de juicio el propio papel del artista. Toda esa agitación explica, en parte, por qué muchas veces nos sentimos desorientados frente al arte contemporáneo.

Dadá

El movimiento Dadá, creado en 1916 por escritores y artistas, fue un grito de rebeldía contra la guerra que tuvo lugar por aquel entonces. Su lema era "Tabla rasa", lo cual quiere decir: borrar todo y recomenzar. Esta corriente destructiva, provocadora, abrió las puertas para que un viento de libertad soplara en la creación artística. Privilegia al *collage*, el uso de materiales reciclados y el azar en los procesos creativos. Sus obras se burlan de la belleza. Este movimiento de rebeldía tuvo un gran éxito y provocó una renovación general en la creación artística.

Una escultura que ya está hecha ▸

Marcel Duchamp compró este portabotellas en una tienda y decidió exponerlo como obra de arte.
¡Al diablo la pintura al óleo y los pinceles! ¡Vivan los objetos de la vida diaria!
Esta escultura que ya encontró hecha, *Ready-made*, ¿es una obra de arte?
Depende del lugar donde se encuentra. Si está en una cocina, nuestro ojo la verá como un objeto ordinario. En cambio, si se expone en un museo, la verá como una obra de arte.

Marcel DUCHAMP (1887-1968), ***Portabotellas***, 1914 – hierro galvanizado.

Raoul HAUSSMANN (1886-1971), ***El espíritu de nuestro tiempo***, 1919 – montaje.

Pregunta Dadá ▴

¿Se puede medir al ser humano?
¿El hombre actúa de manera mecánica, como un péndulo?

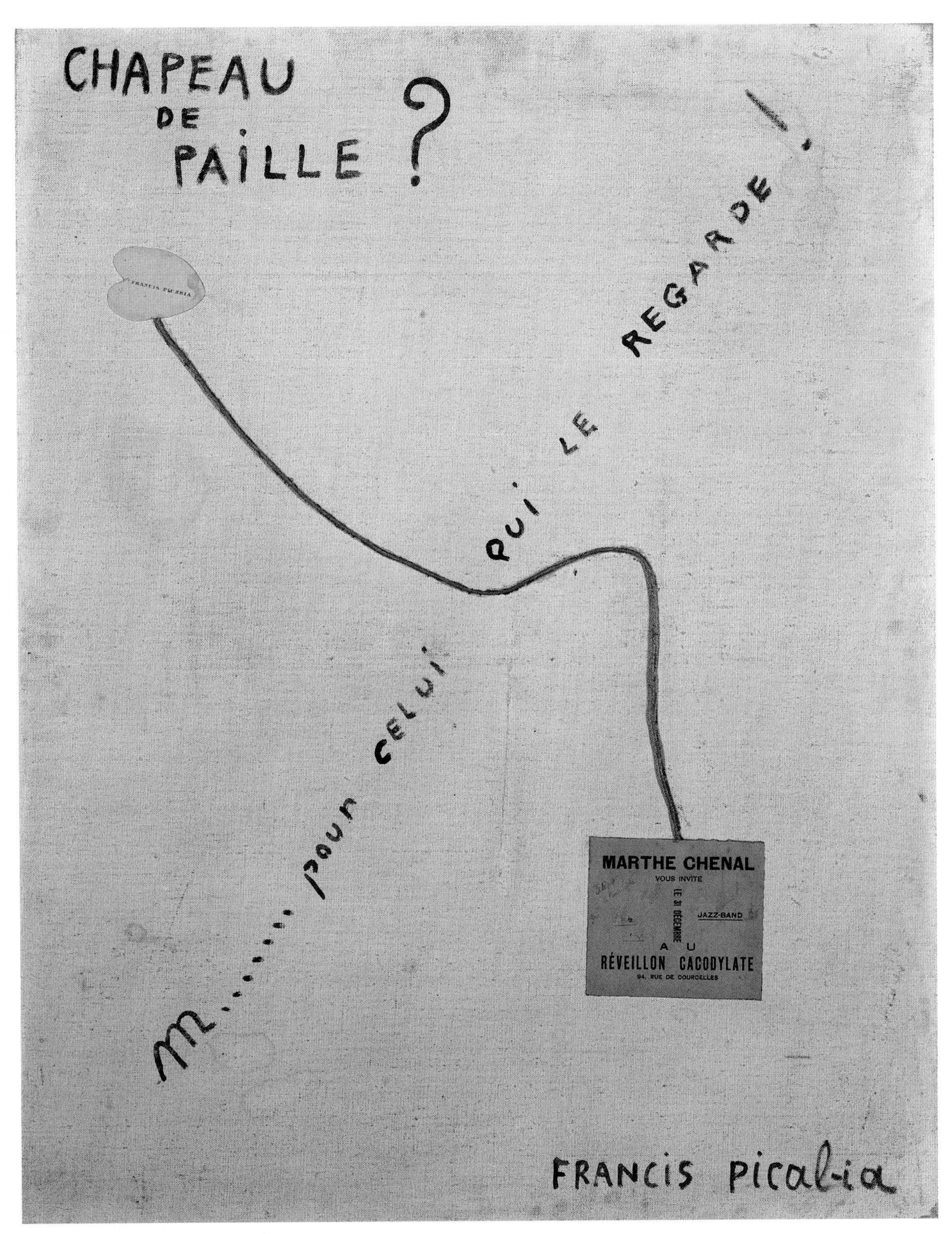

Arte del *collage* Dadá

Hacer una obra de arte con un trozo de hilo, una vieja tarjeta de invitación y algunas palabras que no significan nada parece una broma. Para los dadaístas, el humor sacude a nuestra lógica y linda con la impertinencia. Según tú, ¿qué palabra insinúa la letra m...?

Francis Picabia (1879-1953),
¿Sombrero de paja? 1921 – collage.

Si quieres tener ideas propias,
cámbialas como te cambias de camisa.
Francis Picabia

- *Si te encontraras al portabotellas de la página 74 en un museo, ¿cuál sería tu reacción?*

V

ARTE PARA EXPRESAR LAS EMOCIONES

El buen artista no sólo representa al cuerpo, sino al alma. Sócrates

Desde niño, tu cuerpo expresa lo que sientes en el interior de ti mismo. Tus llantos, tus gritos, tu risa hablan de tu rabia, tus miedos y tu alegría. Al crecer, descubres nuevos medios de expresión, como la palabra, la escritura o el dibujo. Resulta muy importante "sacar" lo que llevamos en el corazón. En la Antigüedad, el filósofo Aristóteles decía que el arte servía para expresar las emociones y liberarse de ellas.
Es más fácil decirlo que hacerlo. En efecto, por motivos religiosos o políticos, los artistas no siempre han optado por esta vía. En la Edad Media, los artesanos creaban imágenes según reglas estrictas dictadas por la Iglesia. No expresaban nada de sí mismos, sólo sus habilidades y su técnica.
Las cosas cambiaron con el Renacimiento: la religión perdió terreno. Leonardo da Vinci escribió: "Los buenos pintores representan esencialmente dos cosas: al personaje y a su estado de ánimo". Surge el retrato. Se debe parecer al modelo.
De nuevo, para el artista resulta imposible pintar lo que le pasa por la cabeza o el corazón. ¡Si lo hiciera, el modelo se sorprendería! Todo esto cambió en el siglo XIX. Cierto señor Freud exploró esa parte oculta del niño, de la mujer y del hombre donde se alojan nuestros sueños, miedos, deseos y emociones. Sus descubrimientos sacudieron a las ideas antiguas y le dieron al arte una nueva dirección. El artista se asumió como sujeto y pintó lo que sentía en el interior de sí mismo. La imitación del mundo visible cedió el paso a la expresión de los sentimientos. Se trata de una auténtica revolución que transformó al arte de pies a cabeza. ¡Por fin entendimos a Aristóteles!

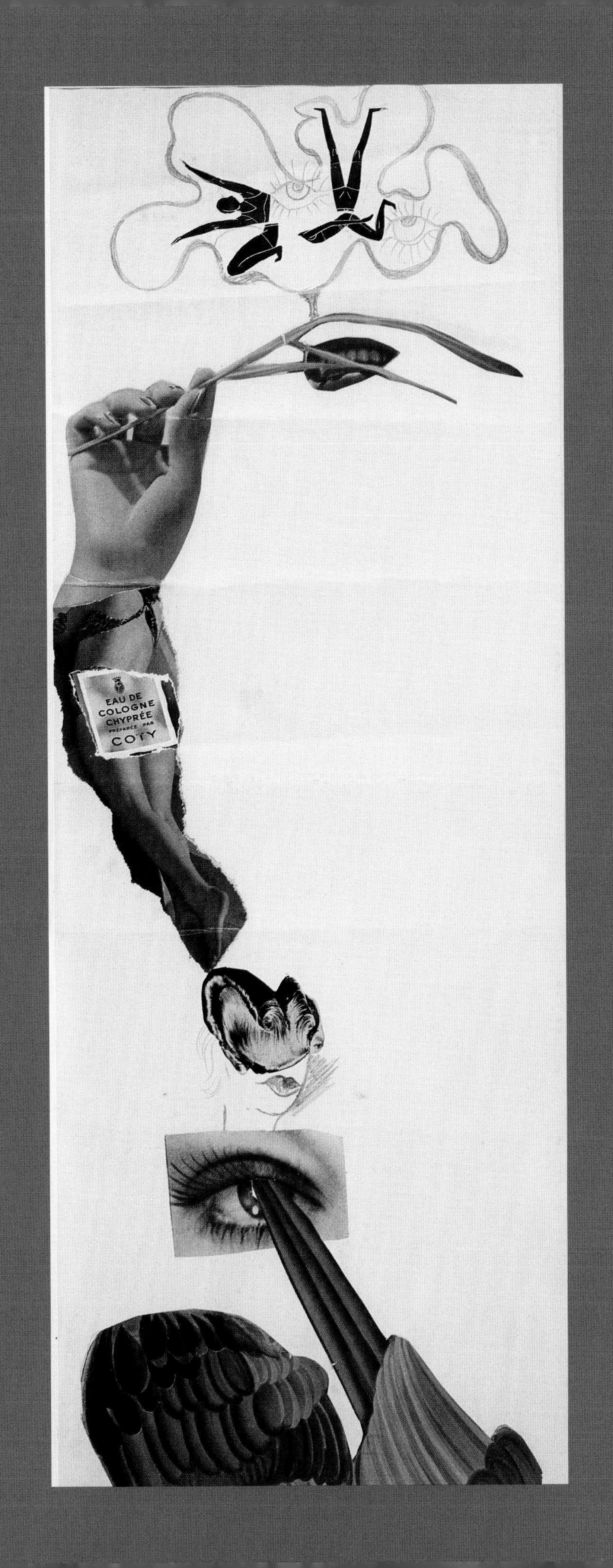
EAU DE
COLOGNE
CHYPRÉE
PRÉPARÉE PAR
COTY

Imitar los sentimientos

A principios del siglo XIV, en Italia, ciertos pintores como Giotto, Simone Martini y Masaccio se dispusieron a mirar el mundo exterior para representarlo con exactitud. Así marcaron una ruptura con el orden medieval, de carácter simbólico y alejado de la realidad. Estos pintores querían reproducir con sus pinceles todo lo que veían sus ojos, sin olvidar a los sentimientos humanos. Perfeccionaron un lenguaje gestual inspirado en el teatro. La expresión del rostro, los gestos de las manos y la posición del cuerpo debían traducir el ánimo y el carácter de sus personajes.
Ese lenguaje se utilizó a todo lo largo del Renacimiento.

Tirarse de los cabellos

¡Sobran motivos para tirarse de los cabellos ante este espectáculo! En numerosos cuadros del Renacimiento volveremos a encontrar este gesto para indicar dolor, espanto. Más tarde, Leonardo da Vinci definió a ese gesto como el que mejor evoca a los desesperados.

Simone MARTINI (nació cerca de 1282-murió en 1344), ***Sepultura de Cristo***, cerca de 1333 – óleo sobre madera.

El primer rostro que grita

Masaccio inventó el primer rostro que grita en la pintura. Expulsada del paraíso, Eva abre la boca y frunce su entrecejo de dolor y desesperación. Adán prefiere esconder sus lágrimas. Tan absorto está en su tristeza que olvidó cubrir su desnudez.
El pintor transmite la emoción de sus personajes con una sorprendente intensidad.

MASACCIO (1401-1428),
Adán y Eva expulsados del paraíso, 1425 – fresco.

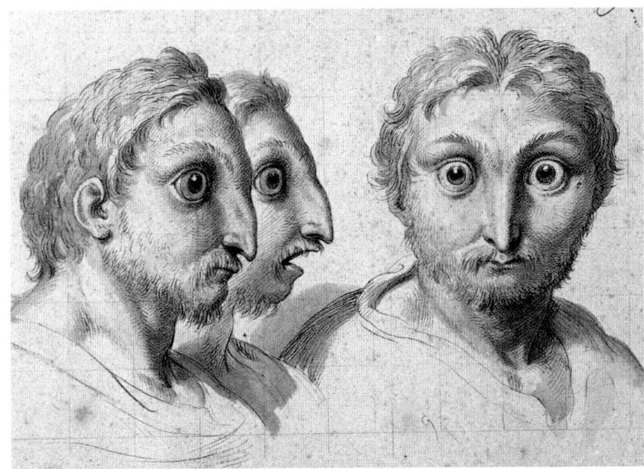

Charles LE BRUN (1619-1690),
Tres cabezas humanas relacionadas con la lechuza,
1698 – pluma y aguada.

Entre hombre y animal

Manso como un cordero, fuerte como un león, se trata de expresiones muy antiguas. Los textos de la Antigüedad ya asociaban a los caracteres humanos con los de los animales. En una célebre conferencia, Le Brun, el primer pintor de Luis XIV, explicó cómo fijar, con rasgos gestuales y animales, las pasiones humanas. Aconsejó el fruncimiento del entrecejo para evocar los celos y cierta mirada de lechuza, como en este dibujo, para traducir la sorpresa.

• *¿Qué animal elegirías para expresar la pereza, la envidia y el orgullo?*

Los expresionistas

¿Dónde encontraron esas caras verdes y anaranjadas, esos cielos rojos y esos lagos amarillos que vemos en sus cuadros? No en las calles, sino en sus mentes. Se llaman expresionistas y pintaron sus sensaciones y emociones ante el mundo. Los expresionistas le devuelven al color su libertad. Ya no imita a la realidad, sino que dibuja a las formas por sí mismo. El color puro, tal y como sale del tubo, explota en la tela con una vivacidad a la que nadie se había atrevido hasta entonces. Este movimiento, surgido en Alemania en 1905, también se desarrolló en Francia y Austria. La pintura expresionista reflejará la desesperación, el miedo y la soledad de la gente la víspera de la Primera Guerra mundial.

El tema son tus impresiones, tus emociones ante la naturaleza. Debes mirar en ti, no alrededor de ti.

Eugène Delacroix

A pesar de que Delacroix vivió antes de los expresionistas, sus palabras nos ayudan a entender este colorido paisaje de Gabriele Muenter.

Gabriele Muenter (1877-1962),
Lago en el crepúsculo, 1934
– óleo sobre cartón.

Angustia ▸

Edvard Munch expresó aquí el miedo que sintió al perder a su novia en las calles de una gran ciudad.

*Sentí como un grito en la naturaleza. Me pareció que podría volver a escuchar ese grito...
Pinté las nubes como si de verdad fueran de sangre.
Los colores gritaban.*

Edvard Munch (1863- 1944),
El Grito, 1893 – óleo sobre tela.

• *¿Qué tipo de línea emplea Munch para traducir el miedo?*

El alma resulta más interesante

Se puede decir que Vincent Van Gogh fue uno de los primeros pintores expresionistas. Se dedicó los últimos ocho años de su vida a la pintura, en medio de una soledad y una pobreza extremas. Pintó más de 880 telas, de las cuales cerca de 30 son autorretratos. Van Gogh investigó su mirada en el espejo. ¿No es esa parte del rostro donde mejor se lee el estado interior del hombre, así como su vitalidad? Van Gogh necesitaba verse para probarse que seguía vivo, a pesar de su dolor cotidiano.

Vincent Van Gogh (1853-1890),
Autorretrato, 1887 – óleo sobre tela.

...Prefiero pintar
ojos humanos
que catedrales...
Según yo, el alma
de un ser humano
resulta más interesante.

Van Gogh, diciembre de 1885.

Ritmos de color

La música se hace con sonidos, la pintura con color y forma. Amante de la música, Kandinsky descubrió lazos estrechos entre ambas artes. Inventó un lenguaje pictórico donde la línea y el color ya no representan nada del mundo visible. Es la abstracción.
Al igual que los compositores, interpretó sus estados de ánimo y sus impresiones, con ritmos de color y juegos de formas que resuenan dentro del espíritu del espectador como una música.

Vassili Kandinsky (1866-1944),
Improvisación soñadora, 1913 – acuarela.

El observador debe aprender
a mirar los cuadros [...]
como combinaciones
de formas y colores [...],
como representaciones
de un estado de ánimo,
no de objetos.

Vassili Kandinsky

• *¿Qué otro gran pintor holandés del siglo* XVII *se pintó a sí mismo más de cien veces?*

Sin pies ni cabeza

Ocultamos nuestros sueños, nuestros deseos, nuestros miedos y nuestros recuerdos en lo más profundo de nosotros mismos. Por las noches, cuando el espíritu lógico duerme, nuestros pensamientos, sin pies ni cabeza, se despiertan y dan vida a nuestros sueños. Esa parte oculta de nosotros mismos se llama inconsciente. Incluso si resulta invisible, juega un papel muy importante en nuestras vidas. Hacia 1918, los escritores y los artistas, cansados de ser razonables, salieron a explorar ese inconsciente donde se alojan nuestros sueños, nuestras fantasías y nuestras incoherencias. Se les llamó surrealistas.

Surrealismo: *Automatismo psíquico puro, a través del cual uno se propone expresar, por escrito o de cualquier otra manera, la forma de funcionar del pensamiento...*
André Breton, 1924

André Masson (1896-1987),
Dibujo automático, 1925 – tinta china sobre papel.

¿Cómo hacer un dibujo automático?

"Un poco de papel y de tinta. Hay que hacer vacío al interior de uno mismo. Puesto que el dibujo automático brota del inconsciente, debe aparecer como un nacimiento imprevisible..."
Este dibujo expresa "lo que está en las raíces del ser: el hambre, el amor y la violencia". Masson

Meret Oppenheim (1913-1985),
Mi sirvienta, 1936 – montaje.

Objetos desviados ▲

Asociar objetos que no guardan ninguna relación entre ellos en la realidad. Inventar objetos inútiles y no bellos, vistos en sueños. Así se podrían definir esos objetos surrealistas que se parecen más a las cosas hechizas que a las esculturas. A Meret Oppenheim le fascinaba jugar. Para él, este curioso montaje, hecho con objetos encontrados en el taller, evoca a la pequeña sirvienta, vestida de blanco, que le hacía la limpieza. De allí el título.

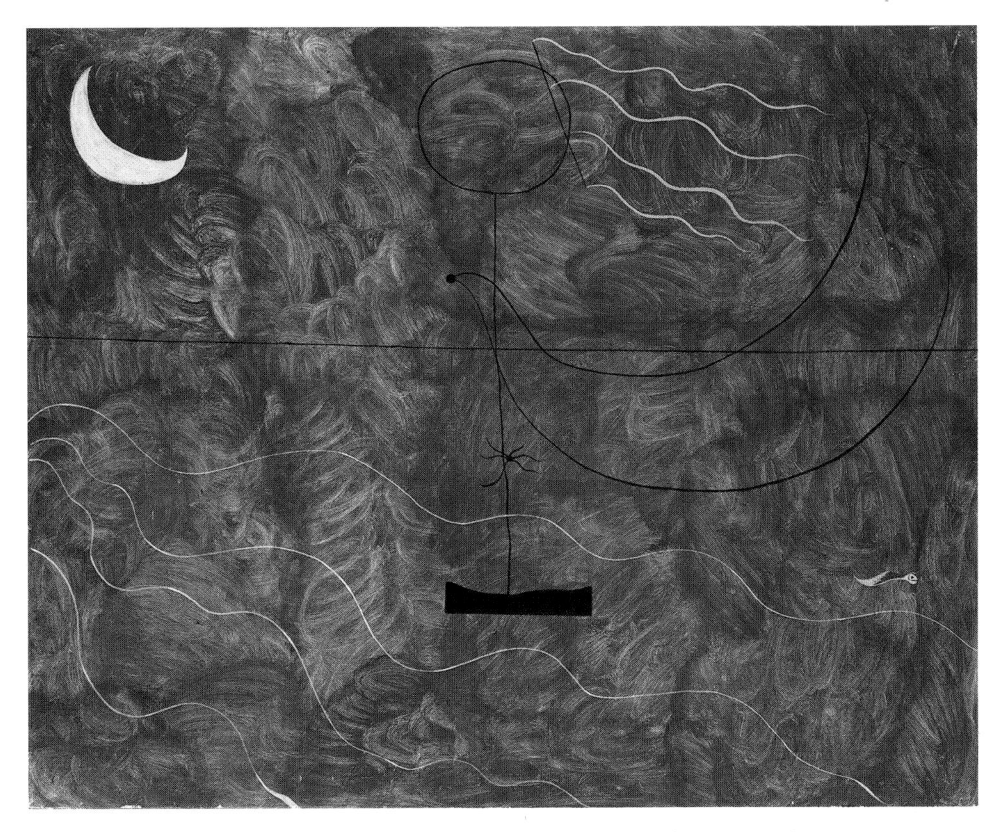

Joan Miró (1893- 1983), ***Nadadora***, 1923-1924 – óleo sobre tela.

El gran azul ▲

Nunca sueño de noche, sino que sueño plenamente en mi taller.
Sueño cuando trabajo. Miró

El azul es el color del mar, del cielo, del infinito, del espacio… también es el color de los sueños de Miró, como él mismo lo declaró en 1925. De allí que desde esa fecha, el azul haya invadido los fondos de sus lienzos. Las líneas curvas trazan figuras de su mundo interior imaginario, donde reina la poesía y la ligereza.

◂ La regla del juego

Tiene que haber al menos tres jugadores.
Toma una hoja de papel. El primero hace un dibujo o un *collage* y luego lo esconde dejando sólo un detalle visible. El segundo retoma el dibujo, comenzando por ese detalle. Después de varias vueltas, se desdobla el papel. Muchas veces el resultado es muy divertido, como en este *collage*. En este juego, llamado "cadáver exquisito", interviene el azar y da pie a imágenes inesperadas. Los surrealistas buscaron lo extraño e imprevisto, como ocurre en los sueños.

Hans Arp, Óscar Domínguez, Marcel Jean,
Cadáver exquisito, 1937 – collage y lápiz.

• *Es tu turno, pon manos a la obra y prueba una de estas recetas surrealistas.*

El arte bruto

Sus vidas no son un largo y tranquilo río. Algunos terminaron en hospitales psiquiátricos. Prisioneros de sus recuerdos y sufrimientos, estos seres humanos enfrentan dificultades para comunicarse con el mundo exterior. Un buen día se ponen a rayar, a hacer garabatos, a escribir en secreto y ya no pueden parar. Expresar la soledad y sufrimiento se volvió su tabla de salvación. No saben nada de arte ni de pintura. Inventan sus propias formas de expresión con materiales recuperados: papel del baño, envolturas, trapos... El resultado no tiene ninguna importancia. La mayor parte de sus obras permanecería ignorada si Jean Dubuffet, un gran artista del siglo xx no se hubiera interesado en ellas. Él rindió homenaje a esas creaciones fuera de lo común y las llamó arte bruto.

El arte bruto designa "productos de todo tipo –dibujos, pinturas, bordados, figuras modeladas o esculpidas, etc.– con un carácter espontáneo y fuertemente inventivo... Sus autores son personas oscuras, ajenas al medio artístico".

Jean Dubuffet

Pascal-Désir MAISONNEUVE (1863-1928), ***Sin título***, 1927 – caracoles marinos pegados.

Príncipes y princesas

A los veintisiete años, Aloïse, sirvienta del castillo imperial de Postdam, en Alemania, se topó con el emperador Guillermo II. Se enamoró de él hasta la locura e inició una correspondencia imaginaria. La internaron en un asilo hasta el día de su muerte. Enmudecida, se puso a dibujar en secreto parejas abrazadas y llenas de color, cantos al amor y a la belleza, sobre papeles recuperados que cosía unos a otros. Y al terminarlos los destruía, hasta que su médico descubrió su trabajo y decidió conservarlo.

ALOÏSE (Aloïse Corbaz) (1886-1964), ***Góndola de plata, mariposa y diamante*** – lápices de color sobre papel.

Pegar... ▲

A los sesenta y cuatro años, Maisonneuve, vendedor de objetos usados, se puso a pegar caracoles marinos para hacer caricaturas de los políticos. Poco a poco, el aspecto satírico de sus obras se esfumó para dar paso a una investigación sobre la expresión del rostro.

Otro mundo ▶

En 1970 Simone Le Carré compró una casa en París. La ventana del baño tenía barrotes y ella se apresuró a disimularlos detrás de objetos que pegaba frente a ellos. Ese gesto trivial transformó su vida, pues hasta su muerte no dejó de pegar y montar objetos recuperados para dar a luz criaturas imaginarias que poco a poco invadieron "su pequeña casa de otro mundo".

Simone Le Carré-Gallimard (1912-1996), ***Sin título***, cerca de 1980 – collage.

• *¿Cómo se llamó el cartero que construyó en Francia un auténtico palacio con los guijarros que recogía al entregar las cartas?*

Llevar una bitácora

Pintar la propia vida, como se escribe un diario. Muchos artistas del siglo xx, como Picasso, para citar al más famoso, se inspiraron en su vida personal para su trabajo artístico.
Más que un relato de sus vidas cotidianas, nos transmiten de muy diversas maneras sus emociones y estados de ánimo. El sufrimiento y el miedo resultan más frecuentes que la alegría y el bienestar. Lo cual es normal, pues sobre todo expresamos lo que nos molesta. El artista intenta liberarse de esos sentimientos dolorosos dándoles forma.
El arte trae alivio y se vuelve una necesidad absoluta.

Louise Bourgeois (nació en 1911),
Cell (Choisy), 1911 – metal, vidrio y mármol.

Olvidar el pasado

Louise Bourgeois se volvió escultora para olvidar su difícil infancia. Al esculpir, transfiere el dolor de su propio cuerpo al objeto que crea. En este caso, colocó la casa de su juventud bajo una guillotina. Es una manera de decir que uno puede sentirse prisionero en su casa y ser destruido por su propia familia.

El artista sacrifica su vida por el arte, no porque así lo desee, sino porque no puede hacerlo de otro modo. Louise Bourgeois

Hélène Schjerfbeck (1862-1946)
Autorretrato con boca negra, 1939

Interrogar el propio rostro

A lo largo de sesenta años, esta mujer de Finlandia se pintó a sí misma. Sus autorretratos interrogan a su rostro, no nos dicen nada de su vida. Paulatinamente, la ropa y los cabellos desaparecen para ceder paso únicamente a la mirada.

Una vida rota ▸

Frida Kahlo nació el 6 de julio de 1907 en México. A los dieciocho años un terrible accidente de autobús la dejó inválida para el resto de su vida. La operaron muchas veces y permaneció en cama durante meses. Frida Kahlo pintó autorretratos donde mezcla sus sueños, sus miedos, sus esperanzas de mujer, para comprender y sobrellevar su dolor cotidiano. En 1944 tuvo que llevar un arnés metálico durante cinco meses.
Los clavos hundidos en todo el cuerpo nos hablan del dolor que la traspasa.
En 1953 le amputaron una pierna y murió al año siguiente a los cuarenta y siete años de edad.

Representé mi realidad.
Frida Kahlo

Frida Kahlo (1907-1954)
La columna rota, 1944
– óleo sobre tela.

• *Estos tres artistas comparten un sentimiento, ¿cuál?*

Expresar los sueños

Todo es posible en los sueños, como en la pintura, donde los colores y las formas pueden crear mundos fantásticos que no existen. Más que pintar la realidad, algunos artistas prefirieron hacer caso a sus sueños, para embellecer y transformar al mundo. Nos hacen soñar; lo cual es una de las razones del arte. Y resulta indispensable. Los sueños nos ayudan a inventar otras realidades, a crear proyectos, a imaginar soluciones para mejorar nuestra condición humana. ¡Y a veces, los sueños se vuelven realidad! Como decía André Breton: "La imaginación es lo que tiende a volverse realidad..." Hoy día, el cine es lo que más bien nos hace soñar.

Primo de Ícaro ▲

Panamarenko, como Ícaro, inventa máquinas infernales para realizar sus sueños: volverse pájaro, pez, insecto para enfrentarse al agua, el aire y liberarse de la ley de gravedad. El sueño entró en su vida: vive en un velero rodeado de pájaros libres. Estudia el comportamiento de los animales y se inspira en ellos para crear sus obras.
Meganeudon imita el vuelo de una libélula prehistórica gigante. Nutridas de sueños, las obras de Panamarenko resultan contagiosas. Al mirarlas nos crecen alas...

PANAMARENKO (nacido en 1940),
Meganeudon I, 1972.

Revelador de sueños ▶

Fue Blaise Cendrars, amigo poeta de Marc Chagall, quien le puso este curioso apodo: Chagall, revelador de sueños. Una vaca roja sobre un techo, una granjera decapitada vuela mientras mira el eclipse... Chagall no olvidó los cuentos judíos de su infancia, donde lo real se mezclaba con la fantasía. Al igual que en los sueños auténticos, su pintura mezcla fragmentos reales de su vida como la iglesia de Vitebsk, su aldea natal rusa y el eclipse que tuvo lugar en 1912, con elementos irreales. El universo de Chagall no obedece las leyes del universo ordinario. Por eso nos encantan sus obras...

Marc CHAGALL (1887-1985),
A Rusia, a los asnos y a los otros, 1912 - óleo sobre tela.

• *¿A qué gran artista del Renacimiento te recuerda Panamarenko?*

Fin de la visita. Picasso tenía razón: el arte responde a preocupaciones mucho más esenciales que la decoración. Tal vez haya llegado el momento de hacerse la pregunta uno mismo: ¿qué me aporta ver una película, algunas fotos o cuadros y escuchar música? ¿En qué modifica y afina mi percepción y comprensión del mundo?
Las nuevas formas de arte –como el video y el diseño, de las que no hablamos en este libro– son descendientes directas de las Venus paleolíticas: garantizan la continuidad de una creación artística que no se ha interrumpido desde el alba de la humanidad. Al igual que todos los seres vivos, el arte se transforma, adopta nuevas formas según las épocas, sin embargo, su existencia sigue siendo indispensable para los seres humanos. El arte es una necesidad, tanto para el creador como para el espectador. Está en cada uno de nosotros asumirlo, apropiárselo para comprender mejor el mundo en el que vive y afinar su percepción, su imaginación y su pensamiento creativo. André Breton decía: "La imaginación es lo que tiende a ser real... de ella nace la curva blanca sobre fondo negro que llamamos pensamiento."
El arte también nos puede ayudar a inventar un mañana mejor.

Respuestas a las preguntas

p. 8-9

Sus pechos simbolizan la función
alimenticia universal de esta diosa.

p. 22-23

La fotografía,
inventada por Niepce en 1816.

p. 24-25

La postura del cuerpo, el traje, las insignias del poder
(el cetro, la corona imperial a la derecha y
la real a la izquierda), la decoración teatral.

p. 34-35

El espejo revela a dos personajes de pie
en el umbral de la puerta de acceso a la recámara.

p. 36-37

Hector Guimard (1867-1942).

p. 42-43

El universo, creado hace quince mil milones de años por una
gigantesca explosión, el big-bang, está constituido por millones de
galaxias como la Vía Láctea y se mantiene en perpetua expansión.

p. 46-47

La Gioconda.

p. 50-51

En julio de 1969, el astronauta norteamericano Armstrong
caminó por primera vez sobre la luna.

p. 60-61

El traje de las mujeres, su postura sentada en el suelo,
el narguile al centro del tapete, la escritura oriental en lo alto,
a la derecha, la decoración en cerámica de los muros.

p. 64-65

Su estructura es similar: dos grandes círculos divididos en
secciones que narran algo con mucho detalle, unidas a
un pequeño círculo central. En las cuatro esquinas se localizan,
también, escenas o personajes.

p. 68-69

Rogier van der Weyden, página 62.

p. 80-81

La línea ondulada.

p. 82-83

Rembrandt (1606-1669).

p. 86-87

El cartero Caballo (*Facteur Cheval*) (1836-1924).

p. 88-89

El tema del sufrimiento se encuentra en la obra de las tres artistas.

p. 90-91

Leonardo da Vinci (1452-1519).

Localiza las obras reproducidas en este libro

Créditos fotográficos

EN FRANCIA:

Biblioteca de Vincennes
— *Dibujo de un pez en Isla Grande,* anónimo,
© RMN/Bunoz pág. 48.

Biblioteca Nacional de Francia, París
— *El gran cometa,* Stanislas de Lubienetski,
© BNF, pág. 42
— *Mapa de rutas marítimas,* © BNF, pág. 44
— *Atlas Miller,* pl.22 © BNF, pág.45
— *Dibujo de plátano,* recopilación de dibujos
chinos, Oe 144 pl. 8 © BNF, pág. 48

Capilla de Plougrescant
— *La Creación del mundo,*
© Éditions Jack, Louannec (22), pág. 63

Capilla Milagrosa de Rocamador
— *Virgen con niño,*
© J.F. Amelot/AKG-París, pág.18

Castillo de Versalles
— *Napoleón en el campo de batalla de Eylau,*
Antoine Gros, © J. Arnaudet/RMN, pág. 26
— *Philippe Auguste en la batalla de Bouvines,*
Horace Vernet, © RMN, págs. 56-57

Grutas de Lascaux, Dordoña
— *Grutas de Lascaux,* Lascaux II,
© F. Duchase/TOP, pág. 7

Museo de Orsay, París
— *Modelo de florero en forma de bulbo de cebolla,*
Émile Gallé, © P. Schmidt/RMN, pág. 37
— *La familia Bellelli,* Edgar Degas,
© G. Blot/RMN, pág. 55
— *La lavandera,* Honoré Daumier,
© H. Lewandowski/RMN, pág. 59
— *Autorretrato,* Vincent Van Gogh,
© G. Blot/RMN, pág. 82

Museo de la Escuela de Nancy
— *Lámpara Los corpiños,* Émile Gallé, © Studio
Image/Museo de la Escuela de Nancy, pág. 37

Museo del Hombre, París
— *Muñeca katchina,* © Fototeca del Museo del
Hombre, págs. 4 y 13

Museo de la Tapicería, Bayeux
— *Tapicería de Bayeux,* © Bridgeman, pág. 57

Museo de Antigüedades Nacionales, Saint-Ger-man-en-Laye
— *Exvoto,* © J. G. Berizzi/RMN, pág. 19

Museo de Artes de África y Oceanía, París
— *Estatua de ancestro protector,* © RMN, pág. 10
— *Rambaramp,* © RMN, pág. 11
— *Estatua mágica okoso-konde,* © RMN, pág. 12

Museo de Artes Asiáticas Guimet, París
— *Episodios de la vida del Buda Sakiamuni,*
© Arnaudet/RMN, pág. 21
— *Retrato del emperador* Jahângîr,
© J. Arnaudet/RMN, pág. 27
— *Buda protegido por el naga,*
© T. Ollivier/RMN, págs. 3 y 32

— *Limpieza de orejas*, Kitagawa Utamaro, © H. Brejat/RMN, págs. 53 y 59
-*Bhavacakra*, © J.Arnaudet/RMN, pág.64

Museo de Bellas Artes, Lille
— *San Roque*, © R. G. Ojeda/RMN, pág. 21

Museo de Bellas Artes y del Encaje, Calais
— *Telescultura No. 14 – Juego de ajedrez*, Takis, © Mounier/Museo de Calais, 2003, pág. 51

Museo del Castillo, Nantes
— *Nantes*, William Turner, © Ciudad de Nantes-Museo del Castillo de los duques de Bretaña, pág. 60

Museo del Louvre, París
— *Afrodita*, llamada *Venus de Milo*, © H. Lewandowski/RMN, págs. 5 y 30
— *Figura femenina*, © RMN, pág. 9
— *Ataúdes de Tamoutnefret*, © Chuzeville/RMN, pág. 14
— *Retrato de mujer joven*, © G. Blot/RMN, pág. 15
— *Pintura mural*, © H. Lewandowski/RMN, págs. 16-17
— *Virgen georgiana*, © F. Raux/RMN, pág. 20
— *Cabeza del emperador Claudio*, © H. Lewandowski/RMN, pág. 22
— *Enrique IV recibe el retrato de María de Médicis*, Peter Paul Rubens, © R. G. Ojeda/Le Mage/RMN, pág. 23
— *Luis XIV, rey de Francia*, Hyacynthe Rigaud, © H. Lewandowski/RMN, pág. 24
— *Busto del emperador Augusto*, © G. Blot/RMN, pág. 24
— *Napoleón I en gran traje de coronación*, François Gérard, © J. Arnaudet/RMN, pág. 25
— *La Virgen de canciller Rolin*, Jan van Eyck, © H. Lewandowski/RMN, págs. 29 y 34
— *Triunfo de Neptuno y Amfitrita*, © C. Jean, J. Schorman/RMN, pág. 36
— *El Sacamuela*, Gérard Dou, © G. Blot-C. Jean/RMN, pág. 58
— *Álbum de África del Norte*, Eugène Delacroix, © G. Blot/RMN, pág. 60
— *Estudio para "Mujeres de Argelia"*, Eugène Delacroix, © G. Blot/RMN, pág. 61
— *Mujeres de Argelia en su apartamento*, Eugène Delacroix, © G. Blot/RMN, pág. 61
— *Marat asesinado*, Jacques Louis David, © G. Blot, C. Jean/RMN, pág. 69
— *Tres cabezas humanas relacionadas con la lechuza*, Charles Le Brun, © RMN, pág. 79

Museo del Petit-Palais, Avignon
— *Tránsito del cardenal* Lagrange, © A. Guerrand, pág. 67

Museo del Quai-Branly, París
— *Escultura yup'ik*, © H. Dubois/Museo del Quai Branly, pág. 13

Museo Matisse, Niza
— *Bailarina criolla*, Henri Matisse, © Herederos de H. Matisse 2003, foto © G. Blot/RMN, pág. 39

Museo Nacional de Arte Moderno, París
— *Cruz negra sobre ab*, Antoni Tàpies, © CNAC/MNAM/RMN, pág. 19
— *Concepto espacial*, Lucio Fontana, © J. Hyde/CNAC/MNAM/RMN/Fundación Lucio Fontana, págs. 41 y 50
— *Dachau*, Zoran Music, © J.-C Planch/RMN, ADAGP, París, 2003, pág. 72
— *Cuerpos en ataúdes*, Zoran Music, © J.C Planch/RMN, ADAGP, París, 2003, pág. 72
— *No somos los últimos*, Zoran Music, © J.C. Planch/RMN, ADAGP, París, 2003, pág. 73
— *Portabotellas*, Marcel Duchamp, © RMN, ADAGP, París, 2003, pág. 74
— *El espíritu de nuestro tiempo*, Raoul Haussman, © G. Meguerdito/RMN, pág. 74
— *¿Sombrero de paja?*, Francis Pacabia, © RMN, ADAGP, París, 2003, pág. 75
— *Dibujo automático*, André Masson. © P. Migeat/RMN, ADAGP, París, pág. 84
— *Nadadora*, Joan Miró, © RMN, ADAGP, París, 2003, pág. 85
— *Cadáver exquisito*, Hans Arp, Óscar Domínguez-Palazón, Marcel Jean, © CNAC/MNAM/RMN, ADAGP, París, 2003, págs. 76 y 85
— *Meganeudon I*, Panamarenko, © P. Migeat/RMN ADAGP, París, 2003, pág. 90
— *A Rusia, a los asnos y a los otros*, Marc Chagall, © J.F. Tomasian/RMN, ADAGP, París, 2003, pág. 91 y carátula

Museo Tesse, Le Mans
— *Vanidad*, Philippe de Champaigne, © Bridgeman, pág. 67

Museo Nacional de Historia Natural
— *Flamenco rosa*, John James Audubon, *Birds of America*, pl. 431, © Biblioteca Central MNHN, pág. 49
— *Mujer con lágrimas*, © Servicio audiovisual MNHN, pág. 48

Observatorio de París, París
— *El planeta Saturno*, Étienne-Léopold Trouvelot, © Observatorio de París, pág. 42

— *Retrato de Gounod*, Nadar, © Jean Bernard, pág. 55

— *Retrato-robot de Verdi*, Arman, © ADAGP Banco de Imágenes, París, 2003, pág. 54

— *Góndola de plata, mariposa y diamante*, Aloïse, DR, pág. 86

— *Sin título*, Pascal-Désir Maisonneuve, DR, pág. 86

— *Sin título*, Simone Le Carré-Gallimard, DR, pág. 87

OTROS PAÍSES

— *Cartel de propaganda estalinista*, URSS, 1944, © AKG-París, pág. 68

Biblioteca ambrosiana, Milán
— *Máquinas voladoras*, codees Atlanticus, Leonardo da Vinci, © AKG-París, pág. 46

Biblioteca Real del Escorial, Madrid
— *Breviario de amor*, maestro Ermengol, © G. Dagli-Orti, pág. 43

Capilla Brancaci, Santa María del Carmine, Florencia
— *Adán y Eva expulsados del paraíso*, Masaccio © Bridgeman, pág. 79

Museo Didrichsen de Arte y Cultura, Helsinki
— *Autorretrato con la boca negra*, Hélène Schjerfbeck, © Taidemuseo, pág. 88

Fundación Beyeler, Basilea
— *Nacimiento de una galaxia*, Max Ernst, © AKG-Images, ADAGP, París, 2003, pág. 51

Fundación Dolores Olmedo, México
— *La columna rota*, Frida Kahlo, © AKG-París, pág. 89

Galería de Pintura de Berlín
— *Sepultura de Cristo*, Simone Martín, © Artothek, pág. 78

Museo de Historia del Arte, Viena
— *El comerciante Kaufmann*, Hans Holbein, © E. Lessing/AKG-París, pág. 54

Casa Battló, Barcelona
—*Detalle de la Casa Battló*, Antonio Gaudí, © H. Donnezan/Rapho, pág. 37

Museo Moderna, Estocolmo
— *Mi sirvienta*, Meret Oppenheim, © P.A. Allsten/ Moderna Museet, ADGP, París, 2003, pág. 84

Museo arqueológico nacional, Nápoles
— *Artemisa de Éfeso*, © Bridgeman, pág. 9
— *Doriforo*, copia de una obra de Policleto © Bridgeman, p. 31

Museo del Prado, Madrid
— *Descenso de la Cruz*, Rogier van der Weyden © Bridgeman, pág. 62
— *Los siete pecados capitales y los cuatro fines últimos*, Jerónimo Bosch, © AKG-París, pág. 65
— *Las tres edades y la muerte*, Hans Baldung Grien, © Bridgeman, pág. 66

Museo Diocesano, Cortone
— *La anunciación*, Fray Angélico, © Bridgeman, pág. 33

Museo Nacional de Arte Reina Sofía, Madrid
— *Guernica*, Pablo Picasso, © AKG-París, Herederos de Picasso, págs. 70-71

Museo Nacional del Bargello, Florencia
— *Apolo*, Miguel Ángel © S. Dominigie-M. Rabatti/AKG-París, pág. 30

Museo Nacional Romano, Palacio Massimo, Roma
— *El discóbolo*, copia de una obra de Miron, © Pirozzi/AKG-París, pag 31

Gallería National, Londres
— *Retrato de los Arnolfini*, Jan van Eyck © Bridgeman, pág. 35

Gallería National, Oslo
— *El Grito*, Edvard Munch, © Bridgeman, ADAGP, París, 2003, pág. 81

Museo de Historia Natural, Viena
— *Venus de Willendorf*, © E. Lessing/AKG-París, págs. 4 y 8

Galería Austriaca en el Belvedere, Viena
— *Adele Bloch-Bauer II*, Gustave Klimt, © AKG-París, pág. 38

Roma
— *La columna de Trajano*, © Bridgeman, pág. 56

Biblioteca Real, Castillo de Windsor
— *Dibujo de feto*, Leonardo da Vinci, © AKG-París, pág. 47
— *Remolino de agua*, Leonardo da Vinci, DR, pág. 47

Galería de Arte Moderno de Stuttgart
— *Improvisación soñadora*, Vassily Kandinsky © AKG-París, ADAGP, París, 2003, pág. 83

Isfaján, Irán
— *Techos de la mezquita del Shá*, © W. Buss/Hoa-Qui, pág. 37

Museo Wheelwright, Santa Fe
— *Trueno de verano*, Franc Newcomb, DR, págs. 1 y 18

Ydessa Hendeless Foundation, Toronto
— *Cell*, Louise Bourgeoise, foto: DR, © ADAGP, París, 2003, pág. 88

— *Lago en el crepúsculo*, Gabriele Muenter, colección Ahlers, © AKG-Imágenes, pág. 80

Este libro se terminó de imprimir
en el verano de 2005 para
Abrapalabra editores.